Elle répondit :
« Berlin, baby ! »

Chroniques de la drogue
ordinaire

5-7, rue de l'École-Polytechnique ; 75005 Paris

http://www.harmattan.fr
diffusion.harmattan@wanadoo.fr
harmattan1@wanadoo.fr

ISBN : 978-2-343-07275-3
EAN : 9782343072753

Amélie Vrla

Elle répondit : « Berlin, baby ! »

Chroniques de la drogue ordinaire

L'Harmattan

Ouvrages du même auteur :

Romain Gary, Emile Ajar : regards croisés, Éditions L'Harmattan, 2013

À Antoine, Joseph, Lydiane et Sabrina,
Aline, Sylvestre, Nelly et Lucía.
Pauline, Axelle,
Dimitri, Alexandre
et Jonas.

Et comme il lui demandait pourquoi,
elle répondit :
« Berlin, baby ! »

Préface

Je tente d'écrire la drogue à Berlin.
Mais je tourne en rond, je n'arrive pas à m'en sortir.
Où est le vrai, le faux ?
Où l'imagination ?

Arrivée dans cette ville comme une autre de ces vierges, la poudre aux yeux et la merveille au cœur.

À petite dose, on y croit, on y aime, on adore s'y abandonner.

Mais quand le rêve devient quotidien, nuit sans fin, alors quoi ? Vit-on tous dans l'illusion, dans la mauvaise réflexion du miroir ?

Je repense à ce conte ancien, à ce film visionné petite. *La Reine des neiges*. Bien avant les chants et les cris d'amour en couleur. *La Reine des neiges*, Andersen, et les décors de papier.

Elle descendait ainsi sur terre, cette Reine, parée de mille feux pour mieux s'assurer de son pouvoir sur Kay. Tapé dans l'œil. Mis plein la vue. Un flocon plus fou que les autres, cristal carnassier, et le voilà charmé, parti, ensorcelé.

Gerda reste seule et tout est dépeuplé.

Mais dans cette ville de paillettes et de boules à facettes, dans cette ville où les toilettes sont passage à vide, chemin d'artifice vers une nouvelle ascension, celle qui a toutes les couleurs, toutes les formes, toutes les odeurs, celle qu'on sniffe, gobe, tape, avale, mélange, enrobe ou laisse choir, dans cette ville de pupilles, langues, mâchoires et grincements de dents, qui a un cristal dans l'œil ?

N'est-ce pas ma peur après tout qui déforme tout? Eux qui savent et moi qui devrais arrêter de savoir? *Besserwisser ? Klugscheisserin ?*[1]

J'essaie de comprendre et de discuter, j'essaie de savoir et de raconter. Écrire la drogue à Berlin.

Mais qui a raison ? Qui a tort ? Et n'est-ce pas moi qui, un flocon dans l'œil, finis par voir le laid là où est la vie ? Moi qui dans un rhume crois deviner la coke, dans une amicale étreinte, l'extasy ?

Vivre à Berlin. Comprendre qu'ici, comme ailleurs, il y a de tout. Sortir de sa cage et éteindre le projecteur. Observer les gens vivre. Faire la part des choses. Se libérer de la Reine des Neiges, déposer les verres, ôter les lunettes et voir de ses propres yeux.

Cesser de guetter les yeux dilatés, de tirer de grands traits sur les traces encore fraîches du bar.

Tenter d'écrire la drogue à Berlin. Parler de ce qui est, non de ce que l'on a cru voir. Écrire son émotion, non un nouveau pamphlet.

Et l'hiver venu, fourrer son sac de gingembre et mouchoirs…

---

[1] Petite conne prétentieuse et donneuse de leçons.

J'ai pas perdu mon Eurydice

Anna

Elle arrive dans le *Biergarten.*

Douceur de la nuit, guirlandes multicolores, bougies sur les tables, fleurs dans des bouteilles d'Orangina devenues vases.

Berlin, un soir d'été.

Elle s'est arrêtée, regarde.

Elle qui, il y a un instant, se retenait de courir – urgence, nécessité d'arriver – est soudain glacée, comme pétrifiée. Le souffle court et difficile, le cœur battant. Trop.

Il est à l'intérieur, elle le sait déjà.

Elle voit, de là où elle se tient, le rouge flambant des nouvelles lampes du bar. Elle sent l'activité, le mouvement, présent, mais pas démesuré. Cela s'emplira plus tard, plus tard, quand la fête battra son plein.

Elle aperçoit un homme installé au coin du bar, casque sur les oreilles, platine au bout des doigts.

C'est donc ça, cette musique agressive et criarde qui fait rage. Ils ont pris un DJ pour la nuit…

Ne pas rester là, il pourrait la voir.

Avancer. Quelle idée ridicule d'avoir voulu mettre des talons si hauts.

— Quel chic !

— Oh c'est juste parce qu'on s'est engueulés ! « On n'attrape pas les mouches » etc, tu sais ?

Rire. Faire croire que tout va bien. Quand son cœur bascule. Quand elle a peur.

Lui pardonnera-t-il ? Tolèrera-t-il son arrivée, acceptera-t-il de la voir devant lui, de la regarder?

Elle avance.

Uwe et Romain sont déjà là, attablés au fond du *garten,* deux cadavres devant eux, ils devisent passionnément en se roulant des cigarettes.

« Have you met Fred ? », slogan rose et tabac du moment.

Elle les embrasse. S'assied.

— Tu t'es rien pris à boire ?

— Non, j'irai dans un instant.

Elle hume l'air de la nuit, prend conscience de sa fatigue, de son état de fragilité.

— C'est quoi cette musique pourrie ? C'est vraiment nul !

Uwe a le même rire que Romain lorsqu'il ne pouvait plus la souffrir, à la Nouvelle-Orléans. Lorsque chacune des phrases qu'elle prononçait presque timidement, tant elle avait peur de sa réaction, devenait à ses oreilles une énième énormité, et qu'elle croyait voir en ses yeux une envie de la frapper, tant elle l'exaspérait, tant elle lui était devenue insupportable.

Fatigue du voyage, irritabilité extrême de deux amis qui n'avaient pas dormi depuis une éternité.

Mais le rire d'Uwe est différent. Pas si profond ou violent, juste gêné :

— C'est pas exactement la meilleure manière de commencer la soirée…

Il a mal interprété ses paroles, cherche déjà à éviter la crise. Amadouer l'animal, aplanir le terrain. Désamorcer les mines, détendre, défendre. Protéger Gabriel de cette femme qui crie, critique et voit le mal partout.

Mais non, mais non mon ami. Je ne suis plus devant toi vipère, non plus courroux, non plus colère. Je suis celle qui a honte et qui rentre sous terre. Celle qui force sa voix pour masquer les sanglots, celle qui regrette, veut effacer, réparer. Celle qui voudrait que ses mains soient baume et son cœur chanson douce pour mieux faire oublier.

Celle qui en a trop dit, trop fait, qui s'est trop écoutée. Et qui ne veut plus désormais que céder place à l'autre, l'aider, l'accompagner.

— Non mais le DJ il est nul. Pour son dernier soir, ils pourraient au moins laisser Gabriel passer sa musique.

Uwe se détend : il a compris maintenant. Elle n'est pas venue faire la guerre, elle est venue défendre son aimé. Celui qu'elle a blessé avec ses doutes, ses accusations, seuls et en public ; quand il a besoin d'elle et de sa confiance.

Gabriel…

Homme aux muscles de panthère dans un corps d'athlète. Une force tranquille, l'un de ces grands brésiliens qu'il fait bon voir.

Et pourtant et pourtant, derrière la joie, derrière la sérénité, comme toujours, comme en chacun, la faille.

Celle qui se prend discrètement, en petit sachet transparent, d'un doigt mouillé, d'une paille, d'une gorgée. Celle qui se fume, se sniffe, s'avale. Celle qui se gobe, se tape. Celle qui rend les nuits impossibles et les amours branlants.

Gabriel…

Son amour dépendant.

Il est peut-être temps d'aller lui dire bonsoir, peut-être temps de plonger ses yeux dans les siens, voir, comprendre, savoir, savoir s'il lui a pardonné.

L'énième scène, le drame, l'esclandre en public, au vu et su de tous, ses aimés à elle qu'il accueille sans les connaître, devant lesquels il ne peut supporter de voir révélé son mal. Leur malheur.

Une fois de plus, prise à la gorge, le cœur en volcan, une fois de plus, une bombe à la place du cerveau.

Il a recommencé, dans son dos. Repris, resniffé, retapé. Durant la semaine. Alors qu'ils buvaient des cafés, profitaient des terrasses ensoleillées, alors que les parcs regorgeaient d'enfants, que les serveuses aux tresses châtain clair venaient leur offrir des parts de tartes, de gâteaux, *ein Stück Kuchen* pour terminer ton chocolat chaud.

Recommencé ? Non, continué. Encore, toujours. On a beau fermer les yeux, il faut bien finir par se heurter de plein fouet à la réalité. Surtout quand elle est ce dragon qui met le feu au salon dans son sommeil, en expirant simplement, naturellement.

Les mots, trop durs. Les accusations, agressives. Les gestes brutaux, les intentions mauvaises. Méchante. Folle. Perdue. Il n'en pouvait plus non plus.

La fin – dont ils approchaient. Il fallait trouver, quoi ? une issue, une échappatoire, une porte de sortie, une vraie, on ne pouvait simplement pas continuer comme ça.

Je t'aime mais je ne pourrai pas tenir encore bien longtemps. Aide-moi. Aide-moi à t'aider. Je sais plus, je suis complètement paumée.

Berlin. Celle qu'elle avait aimée, rêvée, fantasmée.
Berlin devenait l'ennemie de l'intérieur.

Un poison coulant dans ses veines, un poison qui le rongeait sans qu'elle puisse y avoir accès, mordre sa chair, aspirer, pomper, faire sortir cette mort de son sang.

Non. La décision n'était pas sienne. Rien à faire. Impossible, impuissante. Plus de mots, d'idées, plus de… plus rien que les larmes, les cris, l'énergie du désespoir.

Elle l'aime. Elle l'aime trop pour partir, elle ne peut pas le quitter, c'est impensable, ils vont s'en sortir, elle va y réussir, ça va changer, il le faut, il le faut.

La rue, ses larmes, le corps qui lâche. Trop de tension, de non-dits, de temps passé à attendre et à avoir peur. Trop de douleur, de poids, trop d'angles droits.

Petite fille riche et gâtée soudain confrontée à la vie. Dans les traits de son amant, de son amour.

Quelle est cette comédie ? Quelle est cette histoire ? Elle n'a jamais voulu jouer ce rôle, jamais voulu être celle qui freine, contrôle, calcule, craint, crie. Mais que faire ? Comment ? Où, avec qui ? Qui comprendra ? À qui pourra-t-elle parler, elle, nouvelle venue dans cette ville, ce monde, cette nuit ?

Vers qui se tourner ? Tous alcooliques, tous drogués ? Tous tristes, tous malheureux, tous incapables de ne pas tomber ?

Tous dépendants ? Vraiment ? Est-ce là la vérité ?

Ce ne peut être. Ce ne peut pas être.

La beauté ne peut s'être ainsi transformée en cauchemar.

J'aime, j'aime ; ça va aller.

Les larmes dans la nuit, sa tête posée contre son torse à lui, elle a écouté. Elle a écouté sa respiration, le battement de son cœur de Titan, d'homme toujours debout, même lorsqu'il flanche.

Jusqu'à quand ? Elle ne peut pas le perdre. Elle l'a déjà perdu, un peu. Il faut le faire revenir, ils sont à deux, ils s'aiment. Elle ne laissera pas la drogue avoir raison d'eux.

Alors, dans la douceur de l'épuisement, les mots justes.

Il a crié, hors de lui : elle le sait bien pourtant que c'est fait, fini, acté – sa dernière nuit, son dernier week-end. Demain soir, démission ; il arrête le bar. Alors, quoi, que veut-elle de plus ?

Elle écoute, elle sait, elle pleure.

Elle ne peut pas lui dire que d'autres peurs, derrière le bar. En sera-t-il fini de tout ? Des excès, de la nuit, de la mort ? Retrouveront-ils une vie normale ? En est-il seulement capable ?

Elle ne l'a jamais connu autrement.
Elle a peur. Elle pleure.

Elle regrette, elle aurait voulu partir, ailleurs, le temps du week-end, le temps pour lui de finir en beauté, le temps pour lui de dire adieu dans un feu d'artifice. Mais elle n'a plus la force, elle n'arrive plus à le vivre, cela, ainsi. C'est trop. Elle n'a plus de ressources, ne sait plus où puiser le courage nécessaire. Elle ne sait plus prétendre la sérénité.

Il a secoué la tête. Qu'est-ce qu'elle s'imagine ? Il a besoin d'elle là, maintenant. C'est maintenant qu'il faut qu'elle soit là. C'est à deux qu'ils le font, ce pas. Il arrête pour lui, pour elle. Il a besoin de sentir qu'elle est là, qu'elle le connaît, qu'elle le reconnaît. Qu'elle sait qui il est, qu'elle croit en lui, qu'elle a confiance. Passer l'épreuve du feu ensemble, changer de vie, franchir le pont à deux.

Elle revient à elle, au jardin. Uwe s'est levé pour aller aux toilettes. La bière…

Elle fait signe à Romain. « Alors ? »

— Il est juste passé tout à l'heure, et il a dit : « Elle croit pas en moi. »

Soupir, vivant sanglot.
Mais bien sûr que si, elle croit en lui. Et elle l'aime plus que tout.
Mais comment faire lorsque tous les repères se sont effondrés, et qu'on marche la tête à l'envers ?

C'est décidé : elle va aller voir Gabriel, lui dire bonsoir.
Ils ne se sont pas croisés de la journée.
Elle avait dû se lever tôt, chercher Manon et Emeric à l'aéroport. Il dormait encore.
À son retour, il avait déjà disparu. Pas répondu au téléphone de la journée.

Elle se lève, Romain la retient.

— Anna !

Elle s'arrête.

— Écoute, il parlait avec Uwe en allemand, et j'ai pas tout compris, mais je le regardais et il a fini par me dire : il est déterminé, il est prêt à faire ce qu'il faut. Mais il a l'impression que t'es pas avec lui, que tu crois pas en lui.

Elle fronce les sourcils. Ça veut dire quoi, ça ?

— Ça veut dire qu'il faut que ce soir tu lui foutes la paix, meuf. Ça veut dire que ce soir c'est son dernier soir ici, qu'il arrête pour toi, et qu'il a besoin de se sentir soutenu.
— Bah oui, bah bien sûr, bah c'est ce que je fais.
— Bah je sais pas, justement !

Elle sent une sourde colère monter en elle. Qu'est-ce qu'ils ont, tous, avec leurs recommandations ? Qui sait exactement ce qu'elle fait, ce qu'elle dit ? De quoi ils se mêlent, qu'est-ce qu'ils racontent, tous ?

Elle redescend d'un cran, intérieurement. Dialogue éternel des deux côtés du champignon.

Si Romain s'en mêle, c'est qu'elle le lui a demandé. S'il la prévient, c'est pour l'aider. Tout ça va dans son sens à elle, en réalité.

— Pourquoi il te l'a dit, tu penses ? Parce qu'il savait que t'allais me le répéter ? C'est une sorte de jeu ou quoi ? Je lui fous une paix royale ce soir, je passe tout, je dis rien, et demain on arrête et on commence une nouvelle vie ?
— J'en sais rien ma grande, mais c'est ce qu'il m'a dit, alors maintenant c'est à toi de voir.

Il a raison.
Ce qui compte, c'est le moment, la bascule.

Une porte s'est ouverte. Y a du soleil à l'horizon. Qu'importe s'il est en carton, et qu'on est à Pékin dans la brume, il faut y croire, sinon c'est la fin.
Love, love, otherwise we are lost.

Elle regarde Romain, le remercie des yeux, pose brièvement sa main sur la sienne.

— Je te rapporte quelque chose ?

Il la regarde, complice, encourageant.

— Une bière, steuplaît. Mais prends ton temps.

Il lui sourit, et elle lui rend son sourire.
Seconde de réconfort avant de reprendre la marche fatale, l'équilibre sur les graviers.
Se concentrer.
Comme ce jour où elle allait soutenir sa maîtrise et que toute l'anxiété s'était envolée grâce à la douleur exquise de chaussures neuves contre sa peau trop tendre.
Le soulagement délicieux de l'arrêt de la marche au moment de s'asseoir devant l'examinateur. Bonheur.

Mettre un pied devant l'autre, poser d'abord la partie la plus large du pied, juste en dessous des orteils, se stabiliser, avant de poser le talon, légèrement, sans faire de bruit, maîtrise de la pesanteur, équilibre, élégance. Féline, il lui fallait rester féline.

Féline, féline, ouais mais comment tu veux faire lorsque la musique se fait plus forte et que les lumières rouges sont là ? Elle aperçoit Selia, petite pute polonaise. Elle sait que c'est elle, malgré qu'elle ne l'a jamais vue ; Gabriel lui en a parlé. La nouvelle, la pistonnée, avec laquelle il a travaillé, fermé le bar. Deux fois.

Selia, danger, menace. Comme tout ce qui touche à ce lieu, à cet antre où Gabriel se perd.

Selia. Ennemie incarnée, bien réelle et bien désignée.

Elle n'est pas particulièrement jolie, d'ailleurs. Pas fine, pas bien grande, des traits communs que surplombe une épaisse frange d'un blond trop blanc, décoloré. Peu maquillée, peu habillée, pas particulièrement en valeur.

Elle se sent presque trop apprêtée, en comparaison. Avec sa dentelle noire, ses hauts talons. Ses grandes boucles et ses paillettes aux yeux, pour faire croire que le monde est joyeux.

Elle entre, avance vers le bar, s'assied sur l'un des tabourets. Comme elle fait. Comme elle sait faire.

Selia ne la remarque pas, trop occupée à sortir des verres à shots et une vodka glacée d'un petit congélateur.

Gabriel apparaît de la remise, la voit, et son visage s'illumine.

Il s'approche d'elle, mais un client a surgi, qui l'interpelle.

Tout sourire, Gabriel fait un geste du doigt – une minute, mon ange, j'arrive, je suis à toi – et se penche vers le nouveau venu, murmure, chant brésilien :

— *Was soll es sein ?*[2]

Elle n'écoute pas, elle contrôle : le maintien de son dos, le battement de son cœur.

Gabriel est là. Tout près d'elle. Grand. Beau. Rayonnant.
Immédiatement, et malgré elle, elle regarde ses yeux, ses pupilles.

Dilatées.
Un peu, juste un peu… Encore.

Il la prend dans ses bras. Elle s'y blottit, une seconde. Son torse large, puissant, contre lequel elle disparaît, par lequel elle se fait happer, elle qui dépassait jusqu'à quinze ans tous les garçons de la classe.

Gabriel…

Sa voix tremble, mais elle lui demande.

— Ça va, tu vas bien ?

---

[2] — Qu'est-ce que je vous sers ?

Ses yeux lui sourient, il est heureux de la voir, oui, il va bien.

Selia s'approche, elle ne sait pas comment changer le fût de bière. Gabriel lui répond, de sa voix suave et douce, déjà son corps entier est tourné vers le bar, dévoué, absorbé par sa tâche.
Mais il prend une nouvelle seconde pour passer la main sur sa joue.

— Je te sers quelque chose ?
— Une bière et une vodka mate s'il-te-plaît.

Elle ne sait plus que faire, que dire. Elle se sent sobre, grande, maladroite. Décalée, étrangère, Française, avec accent.
Elle se sent habillée, sérieuse, fatiguée, triste. Trop.

Elle sait ce qu'il a pris. En cherchant la coke, la veille, elle a trouvé un petit sachet de MD.

MD. La drogue qui rend social, amoureux…
Quand c'est avec Selia qu'il est derrière le bar…
Non, ce n'est pas cette drogue qui le poussera dans les bras d'une autre. Son amour pour elle est profond, et non illusoire. Elle sait sa fougue, sa sincérité, les ressent. Là n'est pas le problème, le problème, c'est – On avait dit qu'on n'en parlait plus, on avait dit qu'on laissait couler. Aujourd'hui, ce soir, cette nuit, on avait dit qu'on arrêtait. Alors on arrête.
Enfin… on essaie.

Les verres sont là, elle se lève, et s'en va. Gabriel l'interpelle :

— Tu restes un peu ?
— Bien sûr. Manon et Emeric arrivent, on est dehors, avec Uwe.

Il prononce un je t'aime qui se perd dans le bruit du bar. Selia est en conversation avec un homme.
Elle sort, retourne à la nuit, aux petites lumières colorées. Le cliquetis des glaçons dans son verre. C'est bien la première fois qu'il ne le lui sert pas en bouteille, son mate.

Manon et Emeric sont là, d'autres amis sont arrivés. Ils vont commander au bar, et elle les interpelle déjà : « Les gars, vous me ramenez un autre verre ? »
Il est trop tôt, elle est trop sobre, tout est trop calme. Il faut passer les nerfs, se mettre au diapason.
Comment faire, sinon, comment espérer y arriver ?

Vieux truc de ses années étudiantes, à Paris, dans les caves du Melocotón, où la fumée à couper au couteau devenait supportable à partir du moment où l'on s'allumait soi-même une clope.
Entrer dans la ronde, faire comme tout le monde, prendre les vices et les habitudes de l'autre, pour parvenir à les tolérer.

Dans son soutien-gorge, contre son sein, un petit sachet. De pilules violettes. Comme l'aube d'un jour que l'on ne verra plus.

Non, non, non, qu'est-ce qu'elle raconte ? Rien n'est terminé, tout commence, il faut avoir confiance.

On va déjà boire et puis on verra.

Romain a les yeux qui commencent à s'arrondir, à divaguer. Curieux comme tout passe par les yeux.

Comme le chat de sa tante, drogué pour supporter le voyage, immobile et sonné, dont seuls les yeux parlaient. Des yeux dans lesquels on aurait cru voir une vitre, une fenêtre aux carreaux sales donnant sur une pièce au fin fond de laquelle, petite, diminuée, bien cachée, plus capable d'aucune émotion, gisait la pupille, être anesthésié, vidé de son suc, de sa sève, amorphe et stupéfait, vide intersidéral, cri de douleur muet.

Les yeux de Romain tanguent, mais son sourire est doux, et son timbre caresse.

Il raconte New York, leur voyage, leurs retrouvailles. Il parle, de son anglais fleuri car incertain et coloré de fautes, avec cet accent parisien qu'il exagère lorsqu'il se sent bien.

New York, et cette nuit d'ivresse aux couleurs balkaniques. New York et l'hôpital du Financial

District, où elle alla le chercher à l'aube, pour attraper leur bus à temps. Nouvelle Orléans.

Il raconte la pluie torrentielle, et leurs chapeaux de papiers, confectionnés dans un journal gratuit pioché à même le réceptacle à nouvelles rouge de la rue.

Il raconte son mascara à elle qui coule, son T-shirt à lui qui colle, leurs fou-rires encore ivres et à contre-courant de la foule à pied, travailleuse. Combien de *coffee-to-go* renversés, de costumes moqués, dans cette jeunesse ? Liberté.

Elle sent son cœur s'attendrir et goûte à la fierté de voir Romain charmer l'assemblée, sortir de sa coquille, être à Berlin ce qu'il est à Paris : l'astre de la soirée.

Les vodkas se suivent et ne se ressemblent pas : de plus en plus faciles à boire, de plus en plus vite bues.

L'envie se fait pressante, et elle doit se résoudre à retourner vers le bar, ne pouvant cette fois envoyer un autre à sa place.

Mais elle se sent plus vive, plus légère, plus courageuse, aussi. Elle n'est plus seule : l'alcool est bon compagnon et elle se sent d'attaque pour éblouir et briller.

Elle entre.

Le DJ est parti, c'est désormais Gabriel qui décide et la musique s'est faite plus rythmique, plus rythmée, plus facile à danser.
Selia ne l'ignore pas, qui s'est vissé sur le crâne et de côté la casquette du barman de renfort, et danse au milieu des hommes.

Cachée derrière une petite troupe amassée devant le bar, Anna regarde Gabriel parler à un client, le mettre en garde : « T'approches pas de Selia, elle mord pas, elle frappe : elle vient de Pologne! »
Selia répète, fière, insolente : « De Pologne, *bitch* ! »

Le client, ravi, s'approche, une lueur passe dans les yeux de python de Selia ; la claque retentit comme un coup de fouet.

Gabriel voit Anna.

— *Hey ! My love !*

Et s'approche d'elle, aimant.
L'inquiétude la rendrait froide et distante s'il ne fallait montrer la cohésion, rendre ostensible le bloc face à l'adversité.

Il lui raconte : Selia lui a mis une claque aussi, tout à l'heure, parce qu'il confond toujours son nom. Il l'appelle Lisa, à chaque fois.

Une claque.

La main de Selia sur la peau de Gabriel, sur son visage ; son corps vers le sien tendu, agressive et souriante, provocante, libre ; ses yeux dans les siens pour lui faire répéter son nom, qu'il l'ait pleinement en bouche et le boive et l'avale, jusqu'à suffocation.

Sa main sur sa peau, barrière transgressée, grenade éclatée dont elle étale et écrase les graines rouges sur ses joues…

— J'arrive, je reviens.

Elle va s'enfermer aux toilettes, s'assied, réfléchit. Ou plutôt, ne pense plus à rien.

Constat du vide. Même plus peur, même plus en colère.

Rien, rien, je ne sens rien.

C'est pour mieux te manger, mon enfant.

Certes, elle se connaît, ce n'est jamais bon signe. Le calme, chez elle, et dans ces cas-là, cache toujours la plus violente tempête.

Elle sort le sachet pressé contre son sein.

Prend une pilule, la coupe en deux, en gobe une moitié. Passe rapidement la tête sous le lavabo, boit pour ne pas sentir le goût amer. Remet l'autre moitié dans le sachet, qu'elle range à nouveau dans son soutien-gorge.

Pas le choix, mon capitaine.

C'est comme ça, c'est la guerre.

Alors à armes égales.

Elle est de retour dehors. Ne repasse pas le voir. Elle veut l'obscurité du jardin, le babillage des copains. Elle veut son propre silence, la liberté de se taire.

À mesure que l'énergie monte se vide lentement le jardin. Il est en réalité déjà tard.

Elle a bu à nouveau, trop, mais la drogue efface les vapeurs et lui rend toute sa conscience. Pas d'euphorie, pas d'envie d'aimer. Une lucidité tranchante, acérée, qui lui bat aux tempes, aux oreilles.

Manon et Emeric sont partis. Ils ont dansé, un peu, mais le lever du jour les a fait fuir. « Il est temps ! »

Romain est là, accoudé au bar. Ivre.
Il parle à une belle fille brune aux yeux verts.

Gabriel sert des bières.
Anna voit.

Le regard de Selia, à chaque fois qu'ils se frôlent, à chaque fois qu'il s'approche. Elle voit sa danse, cette chorégraphie souple, faite de cercles, de courbes qui révèlent les siennes.
Elle voit l'éclair de ses yeux, instant fugace pendant lequel elle ne cache plus son désir et son trouble.
Elle en deviendrait presque véritablement jolie, tant son visage prend de couleurs, tant le sourire

qui l'illumine la change de ce qu'elle était en début de soirée.

Anna reste très droite, sur son tabouret. Et fume. Clope sur clope.

Les amis sont partis, ne restent que Romain et la belle brune, deux clients ivres, et elle.

Elle parle avec le troisième barman, dans un italien qu'ils baragouinent tous deux, pour ne pas être comprise de Gabriel.

Fait croire à des sujets passionnants, débat intense, troublant, comédie d'une conversation animée : elle rit, s'exclame, nie, secoue la tête.

Elle ne sait en réalité pas même ce dont ils parlent. Mais tout, tout, pour garder la face, se donner une contenance, avoir une raison ostensible d'être ainsi au bar, à fumer, elle qui n'est pas fumeuse.

Gabriel s'approche.

Il a les yeux du chat, vitreux, lointains, la voit comme dans un brouillard.

Mélange de joints, de vodkas, et quoi d'autre encore ? Qui peut savoir ce dont ils se sont emplis la bouche et les narines, quand elle n'était pas là ?

— Ma belle, pourquoi tu rentres pas ?

Il faut contenir son émotion, maîtriser sa voix. Surtout ne pas laisser perler une seule larme. Surtout rester maîtresse de soi, de son timbre. Affirmer. Convaincre. Persuader :

Non… elle est bien, là… Elle n'a pas envie de rentrer…

— Rentre, va dormir, je te rejoins quand on aura fermé.

Sa gorge est trop nouée, elle ne peut plus répondre, reste immobile, à fumer, prisonnière de cette émotion qu'il ne voit plus, le regarde droit dans les yeux, ou ce qu'il en reste, osant malgré tout espérer qu'il comprenne.

— Tu sais bien que je rentrerai toujours près de toi.

Pourquoi toujours mettre en mots ses angoisses et le doigt sur sa peur de le voir disparaître, si elle ne faisait que détourner la tête ?

— Avec qui d'autre je rentrerais ?

Non ! Non, ne le dis pas !

— Avec Selia ?

Qui est déjà là, qui se glisse près de lui :

— Qu'est-ce qu'on fait, après, on va au Berghain ?

Il se tourne vers Selia, rayonnant, poli, comme il est toujours :

— Lisa, je te présente ma chérie.

Selia ne la regarde pas, trop ravie de sauter sur l'occasion, main levée, seins déployés, sexuelle, menaçante et prête à frapper: « SE-LI-A!!! », avant de partir d'un rire pointu, de gorge.
Il rit aussi, s'excuse, prend un instant les mains de Selia dans les siennes pour se faire pardonner.
Insupportable. Mais il faut rester.

Romain est parti, disparu avec la brune. Tant mieux pour lui. Anna est désormais seule dans le bar.

Gabriel l'interroge des yeux :

— Qu'est-ce que t'en penses ? On va au Berghain ?

Quand depuis toujours elle lui demande d'utiliser ces nuits, cette énergie, pour aller danser, pour sortir découvrir, pour lui montrer Berlin, pour l'embarquer, l'entraîner. Lui qui jamais ne veut, qui toujours reste au bar ou s'écroule, chez eux, défoncé et heureux, et capable de dormir.
Et aujourd'hui, Berghain. En Pologne ?

Elle fume. Elle fume. Elle ne peut que fumer.
Aussi digne que possible, silencieuse, statufiée.
Aucune autre issue, aucune autre possibilité. Elle ne peut pas partir, elle ne peut le laisser, ne peut pas ne serait-ce que le quitter des yeux, de peur qu'il s'évapore. Malbrough s'en va-t-en terre, jamais ne reviendra.

Selia est assise avec l'autre barman sur l'un des sièges du bar. Elle a fini son *shift*.

Pars, mais pars, mais pars mais qu'est-ce que t'attends.

Elle téléphone, parle en polonais.

Exotique, étrangère.

Moi aussi je pourrais parler français.

Mais tout le monde comprend, tout le monde comprendrait.

Polonais, c'est secret, différent.

La polonaise attend la fin. La fin du *shift* de Gabriel, pour l'emmener avec elle.

La polonaise attend qu'Anna dégage enfin.

Mais elle ne partira pas, elle ne partira pas, c'est raté ma petite. Elle ne sent même plus les effets de la drogue, tant elle est concentrée, tant elle réunit toutes ses forces, même les plus enfouies, secrètes, ancrées, pour rester calme, pour rester debout, immobile, le dos droit, pour continuer à fumer cette clope qui lui arrache la gorge, qui tapisse sa langue de plomb, la rend collante de goudron, elle ne partira pas, elle restera, jusqu'au bout, jusqu'à la fin, elle sera là.

Gabriel hésite. Et essuie, et nettoie.

Le barman de renfort s'agite.

— Bon, Selia, on y va ?

Sauvée. Sauvée par cet esprit simple qui n'a rien vu, rien compris. Salut, ô toi qui es mon frère. Que ton esprit borné soit béni, trois fois loué.

Alors, lentement, d'un geste maîtrisé, Selia abat sa dernière carte.

Passant la paume de sa main contre son décolleté, elle plonge les doigts vers son sein, lève les yeux vers Gabriel, l'appelle, tentatrice, douce, suave. Innocente, aux yeux des hommes présents.

— Gabriel… ?

Petite poudre blanche et légère, emplissant ce sachet plastique, qu'elle fait se balancer devant elle, promesse de délices.

— Gerne![3]

Lui qui ne voit plus rien tant ses yeux sont vitreux, il a pourtant bien vu, bien compris. Et fait table rase sur le bar, pour qu'elle vienne y préparer son vice.

Anna avance, les rejoint. Silencieuse, présente. Là.

Gabriel s'en aperçoit.

— Ma copine aime pas quand je prends des drogues.

Tais-toi… Pourquoi lui donner les armes pour m'achever ? Pourquoi évoquer cette frontière qui me tue, ce poison qui m'exclut ?

---

3 — Avec plaisir !

Une, deux, trois, quatre longues lignes blanches, si épaisses et si denses, quatre longues lignes blanches qui n'en finissent pas.

Vers lesquelles il s'abaisse, se penche, se tend, vers lesquelles il tombe, pour se relever dans un grand bruit, le doigt collé contre la narine, inspiration, plusieurs, plusieurs petites, comme si jamais on n'en avait assez, comme si jamais on ne pouvait être repu.

Se lécher le doigt avec gourmandise, et ramasser de l'index mouillé les traces qui restent sur le comptoir, pour s'en tamponner les gencives avec délice.

De ce doigt encore humecté par ses lèvres pulpeuses, tendre à Selia la paille qu'elle saisit à son tour, les yeux brûlants de promesse, avant de se pencher elle aussi outrageusement sur le bar, seins en appui, en abondance sur le bois clair, et devant eux, la poudre sans fin, traînée d'éternité.

Anna regarde, amorphe, vide, évanouie vivante, morte éveillée.

Regarde. Est.

Le sachet est terminé. Selia n'a plus d'armes. Elle range tout de même le néant dans son soutien gorge, et réarrange ses seins.

— Alors, tu viens ?

Gabriel ne peut répondre. Les yeux dans le vide, il semble attendre, flotter.

Anna fait un pas.

Entend sa propre voix, douce, calme, terriblement ferme :

— On va voir. Okay ?

Gabriel revient aux présentations.

— C'est ma chérie.
— Oui, je sais, tu nous as déjà présentées.

Anna tend la main :

— Anastasie. Salut.

Gabriel pouffe :

— Mais nan, elle s'appelle pas Anastasie…

Selia regarde Anna dans les yeux.

Sur ce champ de guerre où les deux hommes restants tiennent à peine debout, déjà partis, absents, par la dope emportés, ne s'affrontent plus en réalité que ces deux femmes.

Face à face, elles s'auscultent, se scannent, se jaugent et se défient.

Selia comprend : Fin de la nuit, fin de partie.

Va-t-en. Plus rien ici ne te retient. C'est terminé, fini de jouer. Pars, maintenant.

Une seconde, puis, elle se dirige vers la petite porte de sortie.

Se retourne une dernière fois, mais c'est Anna qui la suit du regard, et non Gabriel.

Selia part. Selia est partie.

Doucement, Anna s'approche de Gabriel, trop aveugle pour compter la monnaie.
Passe une main sur son bras. Va t'asseoir, mon ange.
Elle compte.
Dix, vingt, cinquante centimes. Elle range, organise les pièces par taille, par forme. Compte. Additionne. Inscrit le montant.

— On le met où le portefeuille ?

Il le prend. Peut encore faire ces gestes mécaniques dans le noir.
Il avance, a le cadenas.
Extinction des lumières, ils franchissent la porte.

Dehors, le jour est calme. Seuls au loin retentissent les cris des touristes.
Il ferme la porte, le cadenas.

Ils sont sortis.
Le jour est frais.
Sur l'Oberbaumbrücke, le ciel est rose. Violet.

Big Brother ain't watching you

Lily

Sous les néons, ils dansent.
Sur la piste déserte, ils dansent.
Éclairés par le reflet de la lune sur la Spree, à travers les grandes baies vitrées, ils dansent.

Son frère. Beau. Lumineux.

Il porte une veste à manche courtes, à col boutonné, dans un tissu léger, qui le distingue plus encore de la foule assemblée.
Il ressemble à un sage, à un homme de contrées autres, lointaines.

Il semble parmi la masse éparse et sombre des danseurs, lumière, beauté, sérénité.

Jamais on ne penserait qu'il s'est déjà descendu un gramme de coke.

Un gramme au moins.
Elle le sait, elle les a entendu commander.

— C'est soixante pour un.
— Tiens, cent vingt.

Ils dansent. Ils dansent pour ne pas se parler.
Ils dansent. Ils dansent pour se retrouver.

Leur manière d'épouser le rythme, le beat, leur manière de répondre aux vibrations est la même. Ils dansent ensemble et de la même façon, unis par les basses, unis par le son.

Ils dansent, car ses pupilles ne sont pas dilatées.
Ils dansent, car son comportement n'est pas altéré. Ils dansent, car il est présent, car il est là, car elle le sent avec elle, conscient… Elle aimerait tant… Elle aurait tant aimé…

Mais les allées-venues aux toilettes. Mais le troisième luron, le troisième compagnon, qui résiste apparemment moins bien, et dont les mâchoires apparaissent à chaque fois plus tendues, plus saillantes, désormais même grinçantes.

Pourtant son frère est beau, la regarde avec bienveillance, alors il faut danser, danser maintenant, se laisser prendre par la profondeur du son, happer par les vibrations, et danser, danser à l'unisson.

Aux toilettes, à son tour.
Une queue infernale, qui n'en finit jamais.
Ils entrent par trois, par quatre, dans les cabines. Parlent trop fort, rient trop violemment. Voix mêlées d'hommes et de femmes. Et leurs pieds sous les portes.

Le temps s'est arrêté et il faut attendre. Attendre qu'ils aient terminé de tracer leurs lignes, de tirer leurs traits.

Elle regarde ses pieds.
La seule dans cette pièce trop éclairée, trop carrelée, qui ne se soit rien mis dans le nez ?

Une porte s'ouvre. Elle voit l'une des collègues de Tobias, une fausse blonde plus que platine, une coupe à la Crazy Horse et un corps marqué par les excès, sortir de l'une des cabines, suivie de trois hommes habillés de cuir. Elle se tient très droite, comme pour faire oublier le rouge de ses yeux, leur mouvement effarant, passe devant Lily sans la reconnaître.

Un groupe de quatre Espagnols hilares parlant trop fort s'apprête à pénétrer l'espace désormais libre mais Lily s'interpose :

— C'est pour pisser les gars. Je veux juste, simplement pisser. J'en ai pour quarante-cinq secondes.

Plantant ses yeux dans le miel du regard d'un beau brun :

— T'as qu'à me chronométrer.

S'engouffre et ferme la porte.

La cuvette est fermée, parsemée de traces boueuses de chaussures. Normal, ils grimpent tous dessus de manière à atteindre tranquillement le rebord carrelé et plus propre de la fenêtre, sur lequel sniffer en toute tranquillité.

Elle prend un mouchoir, l'utilise pour soulever la lunette. L'intérieur est blanc. Immaculé. Pour une fois.

Elle y passe tout de même par précaution une lingette démaquillante.

Kit de la fêtarde berlinoise : Solo *Tachentücher*[4], et un paquet de Cotonelle, mon pote, sinon t'es mort.

Enfin assise, elle entend les Espagnols derrière la porte :

— Eh, la reine de la nuit, t'as dépassé les quarante-cinq secondes !

— Ouais bah faut compter le temps de faire le ménage, mon ami.

Elle sort en leur faisant une révérence.

— Alors ?

— Une minute trente. Y a abus sur la marchandise.

— Tu verras, tu regretteras pas : j't'ai fait le service après-vente.

Pas à sa place dans cette foule, pas l'une des leurs, ces êtres lunaires, ces fous de la fête venus peupler de leur étrangeté la nuit.

Elle avance vers le bar, commande trois shots. Un pour elle, un pour son frère, un pour l'ami de son frère.

Et puis non.

---

[4] Mouchoirs de poche.

Ils ont pris ce qu'ils avaient à prendre, de leur côté, dans leurs WC, elle va faire de même : chacun son tour ! Bam bam bam, les trois shots de vodka. Pour elle seule, c'est comme ça!

Le verre est tellement froid, tout droit sorti du congélateur, qu'elle s'en brûle les doigts.

— *Danke dir,* lance-t-elle à la serveuse tatouée qui ne la regarde plus depuis longtemps.

Laisse cinquante centimes et s'en va.

Retourne à la piste de danse, qui s'est entretemps remplie. La musique est bonne, le rythme doux, minimal. On y respire, on y a la place pour danser.

Autour d'elle, les oiseaux de nuit, que le noir abrite, cache et couvre. Grâce de leurs mouvements. Elle s'en trouve soudain impressionnée, petite fille entrée dans l'espace interdit. Malgré sa grande taille svelte, la sensation d'avancer sans être vue, de passer inaperçue dans cette forêt, épaisse et sombre, où elle touche les troncs, frôle les écorces, les bras, les dos, la peau, pour marquer sa présence, dire qu'elle est là, pour doucement se frayer un passage, respectueusement dans cette foule unie, liée, se tracer un chemin.

Où sont-ils ?

Plantée au milieu de la piste, raide comme un piquet, elle ne voit ni son frère, ni François, ni le larron ramené du bar.

Disparus. Encore. À nouveau volatilisés dans la poudre.

Il faudrait peut-être que tout cela se calme. Il faudrait peut-être arrêter les frais. Il faudrait peut-être – voilà François !

S'installe dans un fauteuil près de la grande baie vitrée, passe rapidement son doigt sur sa narine, histoire de bien tout renifler, vas-y, inspire un dernier coup mon pote, au cas où tout ne serait pas bien rentré, on va pas gâcher, ah bah non, on va pas gâcher.

Elle sent soudain la rage lui monter dans le ventre, ses oreilles rougir d'exaspération.

D'un pas vif, déterminé, soudain consciente du sol sous ses pieds, soudain attentive à son propre corps, au volume qu'elle occupe dans cette pièce, et à chacune des veines dans lesquelles bat sa fureur sourde, elle fend la foule, part, se barre.

Son frère, devant elle, qui ouvre des yeux absents, pris par une autre transe.

Et soudain il la voit, lui sourit d'un désarmant sourire, et la prend dans ses bras.

Elle le serre en retour, tandis que monte en elle une émotion trop grande, trop forte.

Rester là, dans ses bras et lui montrer qu'elle l'aime, qu'elle est heureuse même si c'est un mensonge, lui montrer que tout va bien, même si son cœur inquiet se tord, lui dire, par cette embrassade, que frère et sœur unis, rien n'a changé rien ne s'est transformé, toujours eux, bien les mêmes, et…

Mais dans son dos le contact de ses doigts, de ses phalanges, et la succession de pressions qu'elle ne connaît que trop : par vagues montantes, cycliques, courbes ascendantes sur sa peau.

Il est parti. Loin.

Doucement, tout doucement, elle se détache, lui prend les avant-bras, les mains, douceur, suavité, ne pas lui laisser comprendre ou deviner.

D'une voix trop haut perchée, d'un sourire trop large, elle s'entend demander :

— Ça va ?

De ce ton terrible et enthousiaste qui s'impose à elle lors des ruptures, des enterrements. Chaque fois qu'il est inadéquat :

— Ça va ?

À l'homme qui vient de perdre son fils.

— Ça va ?

À l'amie dont le compagnon est parti.

Elle voit les muscles saillants de sa mâchoire.

Ses yeux, la manière dont leurs paupières lourdes les recouvre. Il fait trop noir pour distinguer parfaitement, mais ils sont là, bien présents – la menace, le danger, l'impression qu'elle a d'étouffer.

Le regard de son frère a changé, s'est transformé, est devenu sexuel, aliénant. Elle le voit en prédateur, sait, pourtant, qu'il n'en est pas un, mais ne peut s'ôter ce sentiment du cœur, quand tout le reste de son attitude est douce, désarmante, adorable, et elle s'en veut, s'en veut de ressentir cela…

Son cœur s'ouvre, comme d'une déchirure.

Il a l'air si heureux, si heureux de la voir.
Ce sourire bon, généreux, sincère.

Mais le grincement, que maintenant, elle entend.
Mais le regard, qu'elle ne peut plus voir.

Elle se penche au-dessus de son épaule, à son oreille, pour ne pas croiser ses yeux.

— Je vais y aller, Chris, d'accord ? Je vais y aller.

Se battre contre le nœud qui dans sa gorge se forme.

L'impression d'avoir avalé un nid de vipères, et de devoir se retenir de les cracher, une à une.

Comme dans ce conte de Pierre Gripari qu'ils écoutaient, lu par l'auteur, étant enfants.

Il bredouille, tente de convaincre.

Elle comprend sans comprendre. Fait le tri des mots articulés.

— Ouais je sais, c'est nul, mais je suis crevée en fait, vraiment besoin d'aller me coucher.

Il émet encore des sons, des mots. La prend plus fort dans ses bras.

Adorable amour, grand frère impuissant, innocent crève-cœur.

— Mais tout va bien, et comme ça tu restes avec François, vous avez la clef, et je vous attends à la maison, ok ? On se fera un super petit déjeuner. Allez, j'y vais, je dois y aller.

Elle se détache un peu plus rapidement, il faut partir, avant que ne tombe le rideau, il veut la retenir, mais cette fois elle le repousse, montre un pauvre sourire se voulant rassurant, et disparaît dans la foule.

***

Dimanche.

Le ciel par la fenêtre.

La rumeur de la rue, celle que Tobias appelle le ressac de la mer. Un poète qui dort sur ses deux oreilles les vitres grandes ouvertes. Le ressac de la mer : mon œil, ouais ! Qu'elle a grand ouvert. Comme les fenêtres.

Ils ne sont pas rentrés.

Elle l'a attendu toute la journée d'hier. Seule dans le lit, dans ses couvertures où elle a trop chaud, nue, puis emballée dans un kimono, elle a bu de l'eau, regardé le ciel, inerte, crevée, le cœur battant la chamade.

Elle n'a pas dormi. Comment veux-tu dormir ?

Quelle heure est-il ? Dix-neuf, vingt heures ? Tentative de sieste après des heures d'angoisse. Le téléphone de François qui ne répondait pas. Ses appels aux hôpitaux, aux commissariats. Puis dans la nuit de samedi, un petit mot : « On est chez moi. Chris dort. Il t'appellera demain. »

Un bruit de clef dans la serrure.

Sans faire le moindre bruit, chatte de gouttière, elle se lève et va jusqu'au miroir de l'armoire, qui lui renvoie son reflet catastrophique. Femme ébouriffée, cernée, ses airs de Jean Seberg envolés, le kimono en désordre.

Elle le referme, le réajuste, sort pieds nus, ne ferme pas la porte pour ne pas être entendue.

Au fond du couloir, un éclair noir. Elle l'entend dans la cuisine qui ouvre le frigidaire. C'est bien lui, elle l'a reconnu. Son blouson, le maintien de son corps.

Elle se compose un visage, avance doucement jusqu'à la cuisine, passe une main dans ses cheveux courts pour les recoiffer.

— Salut.

Il sursaute et se retourne, main sur le cœur.

Fatigue de ses traits, argent de ses cheveux. Son frère. Vieux.

— Oh putain tu m'as fait peur !

Il rit.

— Tu pensais que c'était qui ?
— Ah je sais pas, j'ai juste eu peur.

Ne pas le regarder, ne pas croiser son regard.

— Ça va ? demande Chris.

Son ton. Peu sûr, gêné.

— Ouais, ça va.

Le sien. Distant, glacé.

— Salut !, dit-il en s'approchant, maladroit, pour lui coller un baiser sur la joue.
— Salut, répond-elle en l'embrassant furtivement.

Faire un effort, trouver quelque chose à faire pour s'occuper les mains, ne pas sentir ses bras ainsi tendus de gêne, tendus de malaise.

Elle s'entend lui proposer un thé trop brutalement, trop vite. Elle sait qu'il la connaît, qu'il connaît son débit. Il accepte, gentil, poli.

Elle avance dans la cuisine, sa frêle silhouette se détachant sur le soleil qui perce à travers la fenêtre, tandis qu'il pose son manteau dans le salon, sur le canapé, et essaie à nouveau de lui demander comment elle va, banal effort, maladroite tentative.

Devant sa réponse évasive, il pénètre à son tour dans la cuisine, se plante au milieu de la pièce, cherche à s'occuper les mains, soulève un saladier sale, le repose, triture une fourchette.

— Putain j'suis désolé on s'est mis une race mon vieux... Ça faisait longtemps que ça m'était pas arrivé comme ça...

— Ouais j'ai vu ça, ouais.

Active, elle emplit la boule de thé, enclenche la bouilloire électrique. Son ronronnement enfle dans la pièce, bouillonnante menace.

Il s'explique, raconte leurs corps lourds collés au canapé, l'émergence aux heures tardives, le temps d'apercevoir le début d'une série avant de replonger.

— En gros j'ai dormi depuis samedi aprèm quoi.

Elle se rappelle le jour où leur père avait découvert un sachet d'herbe dans sa cave à cigares, et la manière comique qu'avait eue Chris de bafouiller une histoire, quand elle pensait qu'il n'avait fait que cacher une touffe de gazon dans une boîte.

Il conclut, comme on s'excuse :

— Ouais ! Ça faisait longtemps ! Mais t'as reçu le SMS de François, nan ?

Elle ne répond pas ; seule l'eau qui bout se fait entendre, emplit la pièce de sa vapeur, dure, s'éternise, sans que le déclic de la bouilloire ne se produise.

Nerveuse, Lily la débranche d'un geste sec, attrape un plateau, y pose une théière. Il lui demande à nouveau comment elle va, comme on aurait un toc. Elle sent son corps tiquer, craint de ne plus se maîtriser, change de sujet, lui demande s'il peut lui sortir les tasses.

— Oui, bien sûr. Elles sont où ?
— Elles sont là. Les deux tasses bleues, tu vois ?

Il les lui tend, elle les attrape, pivote sur elle-même pour les placer d'un même mouvement sur le plateau près du sucre.

À nouveau, se voulant poli, attentionné, il tente de s'intéresser, demande où est celui dont il a oublié le nom :

— Tobias.
— Ah oui, pardon.
— Il bosse, là. Il était là rapidement hier soir, juste.
— Ah ouais. Ah c'est con.
— Ouais.

Faire taire cette mauvaise ironie, ce ton qui mord. Se rattraper, ajouter gentiment que Tobias a un événement important tout le week-end jusqu'à tard, et que demain rebelote.

Elle remarque ses cernes, son teint blafard. A-t-il seulement mangé depuis vendredi soir ?

— Ça va Lily? Qu'est-ce qu'il y a ? Ça va pas ?
— Si si.
— T'es vénère ?
— Nan nan.

Il est prudent, à présent, un chat marchant sur une corde raide. Elle soulève le lourd plateau de thé, il intervient, insiste pour le lui prendre des mains, s'interpose, tire – une tasse tombe et se brise.

— Putain Chris !

Elle le regarde, voit l'expression qui se lit sur son visage, cet air désolé du chien qui a mal fait, en éprouve de la honte. Honte de sa maladresse, de ces gestes nerveux, déplacés, les gestes d'un vieil homme, les mouvements d'un drogué.

Il cherche la pelle et la balayette, ouvre le frigidaire, fait grincer le métal de la poubelle contre le carrelage.

— Arrête, Chris ! J't'assure que ça va ! Je m'en occupe ! Prends la théière ! Merci !

Il n'a plus le choix, s'exécute. Elle ramasse les morceaux qu'elle ne recollera pas, les met à la poubelle.

Elle le rejoint dehors, près des bambous.

Sous ses pieds nus, le bois usé des dalles achetées à Ikea et posées à même le béton. Enjoliver, cacher.

Elle sert le thé, qu'ils boivent en silence.

— Bon Lily… Qu'est-ce qu'il y a ? C'est quand même trop con. On se voit jamais, là, et tu fais la gueule.

Silence.

— Je vois bien, tu fais la gueule, là. Vas-y, parle-moi, qu'est-ce qu'il y a ?

Ses mains contre la porcelaine chaude. Regarder au loin, par-dessus les toits baignés de lumière. Kreuzberg, le coucher de soleil sur les tours de la Bethanien, qui ressemble à une église mexicaine.

« *Lass… los… Lass… los…* ».[5] C'était ça, oui, le mantra.

— Lily… À quoi ça sert de passer du temps ensemble si c'est pour se faire la gueule comme ça ?

Elle voudrait se retenir, ne le peut pas : une boule chaude et vivante lui brûle l'œsophage et remonte à la gorge, indomptable et acide.

— Pardon ?

---

[5] « Laisser… aller… laisser… aller… »

Elle entend l'accent de la colère de sa mère, reconnaît ses propos dans les siens. Trop solennelle, trop agressive, trop théâtrale.

— Tu t'entends parler, là ?

Il est énervé aussi, ça y est. Elle en serait presque soulagée, soulagée de pouvoir se laisser aller à cette nervosité qui bout en elle, la partager.

— Alors dis-moi à la fin, putain !

Aller piquer dans la faiblesse ; devenir mauvaise, malhonnête, cruelle :

— C'est quoi ton agressivité, là, qu'est-ce qui t'arrive ? T'es encore en descente, c'est ça ? siffle-t-elle.
— Ah bah voilà !
— Quoi voilà ?
— J'en étais sûr.
— T'étais sûr de quoi ?
— Bah de ça là, de l'embrouille, j'en étais sûr !
— T'es vachement clairvoyant dis-moi ! C'est l'Inde qui t'a fait ça ?
— Allez, vas-y, va ! Balance-les tes reproches, allez !

Un adolescent à sa mère, deux enfants se débattant dans les costumes de mauvais rôles.

— Eh mais ! OH ! Tu me parles sur un autre ton, ok ? T'es ptêt déchiré, mais tu baisses d'un cran, d'accord?

— Mais c'est toi qui gueules !
— NON C'EST **TOI** QUI GUEULES !
— C'est moi qui gueule là ?
— OUI C'EST TOI QUI GUEULES ! ET C'EST **TOI** QUI DONNES AUCUNE NOUVELLE PENDANT DEUX JOURS ALORS QUE TU VIENS JUSTE D'ARRIVER CHEZ MOI!

Il s'arrête, et ses yeux bleus délavés la fixent. Que veut-elle dire ? Il ne comprend pas.

Son frère, qui saisissait d'un regard les mots cachés, les intentions dissimulées, leur langage des signes.
Son frère, allié de l'autre bout de la table.

— Tu débarques ici, tu m'attends même pas, juste une putain d'heure pour me voir, pour savoir si peut-être j'ai prévu un truc avec toi, si je veux te montrer ma vie, ma nouvelle vie ici, bah nan ! il vaut mieux vite filer retrouver ton pote et prévoir avec lui d'aller se la coller, et Lily, bah Lily elle suivra, hein, Lily elle est cool. Bah ouais !

Chris ouvre des yeux ronds :

— C'est ça le truc ? C'est parce que j'ai rejoint François alors que tu bossais ?
— Non, c'est pas ça, Chris. J'ai plus cinq ans, ça va.
— Alors c'est quoi ?
— T'as pas pris une seconde pour me parler, pour au moins vérifier si j'étais d'accord avec l'idée que vous passiez la soirée à vous mettre de la

merde dans le nez, pour savoir si j'avais envie de voir mon grand-frère que j'ai pas vu depuis trois ans se défoncer toute la soirée avec son pote plutôt que de passer un peu de temps avec moi !

— Qu'est-ce que tu racontes ? On a passé toute la soirée ensemble !

Elle croit entendre dans sa voix l'accent d'un bref mépris, le mépris de celui qui voit en elle un être dépendant, non pas aux substances, mais à l'amour, à l'affection des siens, ce lien qu'il semble ne plus connaître.

— Ah t'appelles ça ensemble toi ! Ensemble où, exactement ? Aux chiottes ? Ou chez ton pote François ? Parce qu'à part ça, je sais pas trop où tu l'as passée ta soirée, non plus que le reste de ton week-end, mais en tout cas, c'était pas avec moi.

— C'est toi qu'es partie super tôt ! Moi je demandais que ça de passer la soirée avec toi ! J'étais dégoûté que tu partes !

Ses gestes sont démesurés, trop larges, trop vifs, comme animés d'une volonté propre et incontrôlable.

— Tu crois que ça me fait quoi, à moi, de te voir avec les yeux en zigzag, les mâchoires en mouvement continu ? C'est ça le but ? On se dit rien pendant trois ans et quand on se retrouve on n'arrive même plus à articuler ?

— Tu me juges, là.

Ah ! La voilà, l'idée suprême ! « Tu me juges » ! *Ohm shanti shanti ohm*, pour en finir avec l'opinion, le ressenti, l'impression ! Pardonner, acquiescer, toujours comprendre tout d'emblée, faire abstraction de ses émotions mais absoudre l'autre et le célébrer, quand bien même il s'est volatilisé dans la nature !

— Tu disparais pendant trois ans, tu donnes aucune nouvelle, et tu réapparais et tu disparais à nouveau ! Tu crois que c'est normal ?

— J't'ai donné des nouvelles !

— TROIS MAILS ! CHRIS, PUTAIN ! TROIS MAILS ! Tu te fous de ma gueule ? Trois mails, putain ! Depuis quand tu peux plus me parler à moi ? Je te parle de moi, là, de moi, pas des parents, de moi ! De moi, ta sœur, moi ! TROIS MAILS ! Tu m'as laissée comme ça, tu m'as pas fait signe de vie pendant trois ans ? C'est quoi le truc ? Qu'est-ce que je t'ai fait ? Je t'ai fait quoi pour que tu me fasses ça ? Pour que tu me laisses tomber comme ça ? Pour que tu me laisses passer deux Noël toute seule, toute seule avec les parents, t'imagines ? Tu imagines ?

Il s'arrête, regarde à son tour dans le vide. Le calme et la beauté du ciel qui semble pour eux arborer ses plus belles couleurs, sa plus profonde sérénité, sans parvenir à les distraire.

Chris reprend, calme, doux, conscient cette fois.

— Oui j'imagine. C'est pour ça que je suis là.

— Ouais, ok, t'es là, mais pourquoi au juste ? Pour appeler à l'aide ? Te poser comme victime ? C'est quoi cette comédie de merde qu'on joue, là ?

Les larmes lui piquent le fond de la gorge. Elle se sent tomber dans cette nostalgie ridicule, cette émotion idiote, trop forte qui toujours la prend au ventre, lorsqu'il s'agit de ceux qu'elle aime.

— Qu'est-ce qui se passe, Chris, il faut que tu me dises. Il s'est passé quoi en Inde ?

La voix de Chris est sereine.

Par les mots, il prend soin d'elle, rassurant. Grand frère, à nouveau.

— C'est fini maintenant.

— C'est fini quoi ? Qu'est-ce qui est fini ?

— Tout. Tout ce bordel pendant trois ans, là. C'est terminé. Je suis là maintenant, ok ? Je sais, enfin, j'imagine ce que ça a pu être pour toi ces trois ans. Et je suis là maintenant. Je m'excuse pas, parce que c'est pas les excuses l'important. Mais je suis là. Ok ? Je suis là maintenant. Mais il faut aussi que toi, tu comprennes.

Elle soupire.

— Que je comprenne quoi ?

— Il faut que tu comprennes que pour moi aussi il s'est passé trois ans. Il faut me laisser le temps de revenir, de reprendre ma place. De refaire partie de tout ça, de vous.... Du clan.

— Mais la drogue, Chris ? C'était quoi ce besoin de prendre tellement de drogue ? T'as fait quoi en Inde avec ça ?

Il la regarde dans les yeux, franc.

Elle retrouve dans ses traits cette beauté particulière, exotique. Entend la voix trop haut perchée de France Gall sur le vinyle qu'ils avaient trouvé au grenier.

« Ne sois pas si bête, bête, bête… » qu'il lui apprenait à chanter devant une foule de soupirants, imaginaires et transis.

— Rien. Je t'assure. J'avais touché à rien depuis des années. En Inde, je buvais même pas d'alcool. C'est pas ça. Là dessus, t'as pas de souci à te faire.

— J'ai du souci à me faire où alors ? À propos de quoi ? Qu'est-ce qui se passe ?

— T'as plus de souci à te faire. Ok ? Je suis là. J'ai peut-être déconné vendredi soir, mais je t'assure, c'était pas grave. C'était l'atterrissage, ok ? je l'ai fait un peu hardcore, mais ça y est. J'ai la gueule arrachée, mais je passe la semaine avec toi. Et avec Tobias. Ok ?

Ce corps qui se redresse : Chris est là, beau, devant elle.

Ne sois pas si bête, bête, bête
Sers-moi plus fort, et plus fort encore
Ne t'en fais pas, ne crains rien de moi,
Car tu es encore une petite fille pour moi.

— Je sais pas si tu te rends compte, je sais pas si tu te mets deux secondes à ma place, dit-elle, et sa voix se brise.
— Je me mets à ta place.
— Tu te mets à ma place mais tu sais rien de moi maintenant. Tu sais rien de ma vie.

De cette vie où ils arrivent, tous, le sourire alerte et la valise à roulettes toujours prête, posent leurs affaires, attrapent le double de la clef, et se précipitent dans la première *rave* venue.

— C'est quoi ce nouveau truc, là ? C'est quoi ce nouveau besoin que vous avez de passer votre vie à vous défoncer ?
— Pourquoi tu me vouvoies ?
— Vous venez me voir, là, je prends les seuls jours de congés que j'ai, je les prends pour les passer avec vous, pour avoir du temps pour vous, et je me retrouve avec des arrachés qui peuvent même plus me parler. Je me retrouve avec des gens pour qui c'est plus important de passer le week-end en club qu'avec moi. Qui viennent ici pour se défouler, pour faire ce qu'ils font jamais ailleurs.

Touristes affamés, étrangers acharnés.

— Toi aussi tu me dis « je l'ai pas fait depuis des années ». Bah super les mecs. C'est très bien. Super. Mais moi je vis ici maintenant. C'est ma ville. Je vis ici. Et c'en est à un point où j'ai l'impression d'être en compétition avec Berlin. Les gens viennent me voir ici, et ils disparaissent, et je les retrouve quand ils passent à l'appart chercher leur valise pour reprendre l'avion. Moi je suis venue vivre à Berlin, pas être en concurrence, vivre.

Elle sèche ses larmes, tente de maîtriser à nouveau sa voix.

— Mais tes amis qui sont d'ici ? demande-t-il doucement.

Elle reprend difficilement le contrôle de son souffle.

— Oui bah c'est pas si facile figure-toi. Les potes de Tobias ils sont allemands, ils ont déjà leurs vies, leurs potes, ils sont super gentils, mais ils ont pas besoin de moi. Ils sont polis quand ils m'invitent. Ça leur apporte quoi, la Française de service qui parle pas trois mots ? Tout le monde a sa vie, ici.

Qui aurait besoin d'elle ? Quelle différence fait-elle ?

— Et ceux qui sont comme moi, et bah ils font comme vous, là – ils arrivent ici, ils ont jamais touché à rien, et bam ! ils se mettent à prendre des trucs et à plus pouvoir sortir sans. Comme s'ils avaient jamais fait la fête avant. Comme s'ils connaissaient rien d'autre. Et voilà.

— T'exagères, là, Lily.

— Nan j'exagère pas. C'est comme ça.

— Mais Tobias, il prend beaucoup de trucs, lui ?

— Nan plus maintenant. Mais il bosse beaucoup. Et moi aussi je bosse beaucoup. Et voilà. Et quand je bosse pas, bah je suis dans mon pieux, et j'attends.

— T'attends quoi ?

— Toi, par exemple, espèce de con.

Il voudrait la prendre dans ses bras, cette petite sœur qui joue aux grandes, cette petite sœur qu'il connaît par cœur.

— J'avais pris ma journée hier, pour t'emmener voir les lacs, les coins que j'aime vraiment ici. J'avais la voiture de ma collègue. Mais là on est dimanche et je bosse demain à neuf heures.

— Au restaurant ?

— Oui.

— Et la voiture tu l'as jusqu'à quand ?

— Demain neuf heures, aussi.

— Et là t'es sobre ?

— Bah oui je suis sobre. T'es con, toi.

Elle rit.

Il se lève, plein d'allant.

— Et bah viens, on y va !

— Bah nan, j'peux pas, j'bosse demain j't'ai dit. Tu m'écoutes ?

— Mais bien sûr que si, tu peux ! Viens, on y va, tu prends toutes tes affaires, on passe la nuit dehors, on dort pas, ou plutôt tu dors, enfin on se démerde, mais viens on y va, et demain je serai sobre, et je t'emmène au taff.

— Mais on va se les cailler dehors comme ça. T'es ouf !

Il est déjà rentré dans l'appartement, évaluant du regard les affaires qu'il y aurait à prendre.

— On s'en fout on dort dans la voiture, on prend tous les sacs de couchage de la maison, viens, on y va !

— Nan mais Tobias il va rentrer.

Elle l'a rejoint à l'intérieur, le suit alors qu'il se dirige vers la cuisine.

— On va le chercher au boulot, ou il nous rejoint, ou il nous rejoint pas, c'est pas grave, pour une nuit, si ?

— Bah t'es marrant toi ! Je t'attends pendant deux jours et maintenant que t'es là, on fait tout en fonction de toi !

Il se lève, agile à présent, un jeune cabri.

— Bah ouais ! C'est ce que tu voulais, nan ? T'avais tout prévu comme ça, la voiture jusqu'à demain neuf heures, Lily, j'ai déconné, mais c'est pas grave, on a encore du temps ensemble, je suis là, t'as la voiture jusqu'à neuf heures, viens on se barre ! J'en ai pour cinq minutes moi, je suis prêt, j'ai tout ce qu'il faut ! Viens !

Elle refuse, s'interpose, bégaie que Tobias va rentrer, qu'il l'a laissée pendant deux jours, que non, que ce n'est pas selon son bon désir que ça devrait se passer-

— Allez, t'en as trop envie, j'te connais ! Haha ! T'en as trop envie, rit-il en lui titillant les côtes.

Elle se débat, repousse ses mains, énervée mais conquise déjà et déjà riant avec lui :

— Mais arrête mais t'es chiant !
— Grave ! Viens, on y va !
— Mais on a rien à bouffer !
— On s'en fout on achètera trois kebabs chacun ! Viens !

Elle passe sa main sur son visage, son front, ses tempes. Ferme les yeux :

— Bon… OK !
— Ok ?

Elle rit, énervée de sa propre faiblesse, heureuse du pouvoir de son frère sur elle.

— Allez hop ! Va faire ton sac ! Moi je regarde ce qu'on peut pécho dans le frigo !
— Mais t'en laisses à Tobias, des trucs, hein ?
— Mais oui !
— Je vais l'appeler, je vais voir si on peut passer le chercher éventuellement.
— Ok.

Il a ouvert le frigidaire, elle désigne :

— Sinon tu lui laisses tous les trucs de saucisse dégueulasse, là, les Teewurst[6] et tout.

Il rit à gorge déployé, séduit :

— Ah ouais d'accord ! J'vois le genre !

Elle explique, complice :

— Ça pue c'est une horreur !

Ils se regardent ; ils rient, enfants réunis.

---

[6] Sorte de pâté allemand dont l'origine, l'odeur et le goût sont particulièrement douteux.

Someone's gonna have sex in there ![7]

Lisa

Elle s'enroule les seins d'un épais scotch noir, du genre *gaffer tape*, comme sur les tournages, pour mettre en valeur son décolleté rebondi, appétissant et non vulgaire, ses épaules laiteuses et vierges.

Manier le rouleau comme un mec, avec des gestes larges et décidés, trancher d'un coup de dents le morceau adéquat. Voilà.

Il lui a dit qu'il fallait un peu s'habiller, alors elle s'habille.

« Viens là, toi », lance-t-elle à sa robe fuseau blanche, dans laquelle elle se glisse, ondulante sirène.

Pas mal.

Rouge à lèvres, yeux d'or pailletés, reflets cuivrés dans la brune et épaisse chevelure.

Parfaite Marie-Madeleine.

Bon.

Et maintenant qu'est-ce qu'on fait ?

Bruit de clefs dans la serrure, il entre. Beau, élégant, habillé.

Elle ouvre des yeux ronds.

---

[7] Ça va baiser là-d'dans !

Un costard, sérieux ?

Il se met en position, genoux fléchis, bras écartés, en suspension.

Elle remonte sa robe jusqu'à mi-cuisse, indécente et libre, et s'élance. Il l'attrape, la soulève, elle entoure sa taille de ses longues jambes fines.

Dans ses bras, elle l'embrasse, heureuse, et enfouit son nez dans le pli de son cou, à la racine de ses cheveux drus, poivre et sel.

Il sent le thé vert, le dentifrice chinois. Le bon, celui qu'on trouve dans les mini-tubes des chambres d'hôtel à Shanghai.

— Mais c'est vraiment super habillé, alors, cette soirée ?

— Non, c'est juste un truc chouette tu verras, mais t'es parfaite comme ça !

Il la repose amoureusement au sol.

— On y va ?

Oui, oui, on y va, mais elle ne l'a pas vu de la journée et elle a senti sous sa chemise le relief de son torse musclé. Elle passe les mains sur le col de sa veste, remonte dans son cou, vers sa joue, se colle plus près de lui. Sous les verres de ses lunettes, ses yeux noirs lui apparaissent, malicieux, coquins, chaleureux.

— On doit y aller maintenant-maintenant ou on a un, deux, trois quarts d'heure ? demande-t-elle de sa voix de tentatrice.
— Comment ça trois quarts d'heure ?

Il rit.
Elle le regarde, lui fait ses yeux professionnels, façon biche de manga.

— Quick-quick, bam-bam, tzak-tzak ?
— Non mon amour, on n'a pas le temps, il faut qu'on y aille !

Moue d'enfant à qui l'on refuse un jouet :

— Juste un peu ?

Charmé, il insiste cependant:

— Lisa, ça veut dire quoi juste un peu ? Allez viens, on doit y aller.

Il sait ce qu'elle pense. Qu'il est contraignant de ne pas pouvoir jouir de tout comme on veut. Qu'elle a tout de même quitté le glamour de New York pour cela, pour le voir et faire l'amour jour et soir, matin et nuit minute seconde ! Sans règle et sans limite aucune, jamais.

Il retient un sourire alors qu'elle boude en mettant ses chaussures, histoire de marquer le coup.
Il la connaît, connaît l'envie qui l'habite en ce moment même et désormais, creux en son ventre et

brûlure douloureuse. Il la regarde, ne l'en aime que davantage.

Dès les escaliers, sa bonne humeur retrouvée, elle s'intéresse, vivant babil, sa voix portant trop fort dans la cage de l'immeuble :

— Mais on va où du coup? On y va à pied ?

Elle a cette curiosité allègre qui la fait se passionner pour la moindre nouveauté, la plus petite expérience.

Élégante et féminine dans cette robe si seyante, elle vit, virevolte, dégringole les escaliers quatre à quatre en équilibre précaire sur ses talons trop hauts.
Elle hésite une seconde à les ôter, et choisit plutôt de s'asseoir en amazone sur la rampe, pour se faire tirer par lui jusqu'en bas.

Chacun son tour. Pas toujours les mêmes qui travaillent.

Ils marchent dans l'air doux de l'été. La nuit est tombée, le quartier est calme.
Museumsinseln sous la lune, un tapis aérien de feuillage sous lequel avancer.

Cette période de l'année où soudain les arbres reprennent un volume qu'on leur avait oublié, où tout à coup la rue semble un décor de théâtre, tant les lampadaires projettent une ombre neuve sur le relief du pavé, ce feuillage gorgé d'eau, gonflé de vie, cette verte mosaïque, ombre chinoise venue la nuit les protéger.

Les graviers roulent sous leurs pieds, tout est calme, et les arcades de l'Alte Nationalgalerie se reflètent dans la Spree.

Elle est finalement bien heureuse d'y aller, à cette soirée, et lui demande pour la énième fois d'où il les connaît, ses amis. Elle a la mémoire d'un poisson rouge, si avide qu'elle est de toujours faire trois choses à la fois, d'écouter cinq conversations, de n'en retenir aucune.

Il sourit, reprend: des amis qu'elle ne connaît pas sont en ville, *on business* et en profitent pour organiser – vendredi soir incite – une soirée au Ritz, dans l'une des suites.

« Des Américains ! » s'exclame-t-elle.
Elle va enfin pouvoir parler normalement, donc à toute vitesse, sans réfléchir, ne pas avoir à articuler ou ralentir, non plus que de devoir rester sage dans un coin à faire semblant de rire pour mieux masquer sa méconnaissance du redouté Goliath, *a.k.a* l'allemand : Everest de grammaire, pic des effrois d'antan.

Ethan sourit à cet enthousiasme constant qui la prend, à l'idée de retrouver les siens. Elle a cette vitalité naturelle qui lui rend presque impossible de passer toute une soirée à ne parler qu'une langue étrangère : bien trop de limites, de règles et de restrictions pour parvenir à exprimer toute sa fougue et tout son élan.

Il s'arrête à l'abord d'un *Späti*[8].

— Tu crois qu'on doit amener à boire ? Au Ritz ? Ils vont nous laisser entrer avec des bouteilles ?
— Non, c'est pas pour la soirée, c'est pour maintenant, j'ai soif. Tu m'attends là ?

Il disparaît dans le magasin et elle l'entend charmer le *Spätiverkäufer*[9] de son allemand parfait. Elle envie son aisance, son humour, dans cette langue impossible.
Tout en humant le parfum de la nuit, elle observe un groupe de jeunes touristes espagnols. Savent-ils qu'elle non plus n'est pas d'ici mais débarque, et tente tant bien que mal de s'y faire une vie ? Ou la prennent-ils pour une *echte Berlinerin*[10] ?

Ethan est de retour, une bouteille de véritable champagne sous le bras, des coupes en plastique dans l'autre.

— T'as trouvé des coupes en plastique au *Späti* ?

Elle remarque alors le sac en bandoulière qu'il s'est coincé sous le bras.

---

[8] « Späti », abréviation de « Spätkauf » (littéralement « achat tardif »), petites épiceries destinées principalement à la vente de tabac et d'alcool, ouvertes jusqu'à tard dans la nuit.
[9] Vendeur dans un *Späti*.
[10] Vraie Berlinoise.

— Mais c'est quoi ce sac ? Tu les avais avec toi les coupes ?

Il ne dit rien, préférant déboucher la bouteille de champagne avec un bruit retentissant, laissant le bouchon s'envoler au loin, et leur sert deux verres à ras bord.

Ils trinquent, les yeux dans les yeux, heureux, à l'air libre de la rue.

— Mais t'as quoi dans ton truc ?

Il répond, léger, qu'il y a là un cadeau pour l'un de ses amis qu'il n'a pas vu depuis des mois.

— C'est quoi ?

— Tu verras! sourit-il, ravi de titiller son insatiable curiosité.

Du coin de l'œil, et mine de rien, il voit son stratagème aboutir : sa curiosité est piquée, elle est en train de se raconter qu'aussitôt à l'hôtel, elle fourra le cadeau dans les bras de l'invité pour qu'il l'ouvre et qu'elle sache enfin. Il la connaît, il la connaît bien…

Potsdamer Platz, le champagne sous le bras, il lui ressert une coupe.

La tête de Lisa semble emplie de nuages.

— Bah oui mais j'ai rien mangé aussi, juste des graines de tournesol.

— Tu t'es pris pour un piaf ?

Elle rit.

Il adore ce rire franc, en cascade, qui à chaque fois le surprend, le réchauffe et le réconforte, lui donne des ailes, et l'envie de dire toujours plus d'idioties, auxquelles elle rira de plus belle. Elle est si bon public, avec lui.

Solennel et comique, il lui offre son bras, dont elle se saisit.

Ivres et heureux, ils avancent en canards, comme à leur habitude.

Être une dinde, un pingouin, glisser sur le bitume, maladroits et complices, élégants, amoureux.

Le Ritz.

Impressionnant et moche, comme tout hôtel de luxe.

Ethan sort son portable de sa poche intérieure, tandis que les portes de verre s'écartent pour la laisser passer. « Un vrai conte de fées ! » entend-elle en elle la voix du champagne se moquer.

Il retrouve la note qu'il s'était faite, mémorise le numéro de la chambre.

Elle l'attend dans le hall, déjà prête à s'adresser au jeune réceptionniste affable qui guette leurs moindres faits et gestes, enthousiaste et nerveux, à l'affût du moindre vœu.

Mais Ethan se dirige déjà vers l'ascenseur et lui fait signe de le suivre.

Elle sourit au garçon pour s'excuser, cligne de l'œil puis ondule de la tête comme elle sait faire pour à la fois se faire pardonner et lui laisser une vision d'elle à adorer, une fois rentré dans son studio sombre de Schöneberg, et rejoint Ethan.

— Qu'est-ce que tu fais ? Tu te fais pas annoncer ?
— Non, ils m'ont envoyé le numéro de la chambre, et…

Sortant de la poche de son veston une carte magnétique dorée :

— J'ai la clef !

Lisa approuve d'une mimique appuyée :

— Ils sont plutôt bien organisés.
— Je vois ça.

Un temps.

— Mais ils sont organisés chiants ou organisés rigolos ?

Elle s'en veut immédiatement d'avoir prononcé ces mots, a ce tremblement du menton comme lorsqu'elle laisse tomber un verre, fait une tache, ou renverse une carafe. Il faudrait peut-être faire attention à ne pas toujours sortir n'importe quoi, n'importe comment, elle pourrait, à force, finir par le blesser.

Mais il lui sourit, pour la rassurer, et elle sourit en retour, charmée.

Avec lui, elle se sent rouge-gorge idiot, en amour et sans tête, alouette plumée, libre, heureuse et sans gravité, qui pourrait être, dire et faire comme il lui chanterait, toujours.

L'intimité de l'ascenseur les presse l'un contre l'autre. Elle rit, lui caresse la poitrine. Les yeux prometteurs et brillants elle le regarde, heureuse d'être contre lui collée, de sentir sur sa peau les boutons de sa chemise qui viennent en elle s'ancrer, deviner sous le linge blanc son torse large, la tendresse de ses tétons. Fort et grand. Américain teuton.

— Attention…

Les portes de l'ascenseur s'ouvrent sur un couloir feutré de moquettes, de velours, il se range, et dessine un geste large, rond, accueillant.

Elle lui passe devant et se redresse, prête à faire son apparition en société. Il lui met une main bienveillante sur l'arrondi de la hanche, comme pour mieux la guider.

— T'inquiètes, mec, je marche droit.

— J'espère bien ! Viens !

Et de l'entraîner vers la 521.

Nul bruit, nulle musique.

Sont bien calmes, se dit-elle.

D'un geste sûr, il introduit la dorure carrée dans la fente, le minuscule bouton lumineux s'allume, promesse des joies à venir.

Il ouvre la porte en grand, prenant bien soin de lui donner la plus imprenable des vues.

Une suite immense et vaste, aux lumières chaudes et douces, or, rouge, un lit blanc virginal auquel conduit une traînée de pétales de roses écarlates, venant former sur le couvre-lit de soie un cœur du plus pétaradant éclat.

Il la regarde regarder la salle, interdite, interloquée. Elle lève les yeux sur lui et dans un souffle:

— Viens, viens, on sort!

Il l'a déjà attrapée par la taille, la conduit doucement mais fermement vers l'intérieur.

Elle voit son regard amusé, ne comprend pas, ne comprend pas non plus sa ferme pression aux épaules.

— Mais nan, mais Ethan ! Mais viens !
— Mais toi, viens ! Entre !

Elle résiste, sa pression se fait plus ferme. Elle se cale sur ses talons comme sur des freins, en appui, têtue, décidée :

— Mais non, mais ! Ethan ! C'est pour un couple! Ça va baiser là-dedans !

Adorant sa candeur, sa naïveté, il rit, la serre contre lui.

Pressée contre son torse, elle n'y comprend plus rien, déséquilibrée dans sa résistance sur talons aiguilles.

— Mais ils sont où tous les autres ?

Ethan la regarde, charmé.

— Mais nulle part, mon amour, y a pas de fête, c'est pour nous !

Dans les vapeurs et le rire, elle se laisse conduire dans la suite, chiffon mou, pantin figé, prend tout de même soin de ne pas marcher sur les pétales, se laisse choir dans un coin, sur un canapé.

— Mais je comprends rien : y a que nous ? mais ils sont où les autres ?

Ethan a posé son sac. Enfin libre de ses mouvements, il s'approche d'elle.
— Y a pas d' « autres ». C'est pour nous, c'est notre soirée.

Il lui prend délicatement la main, entraîne sa beauté, la conduit, la mène près du lit. Elle semble hésiter, alors il y plonge lui-même, d'un petit saut qui le fait élégamment rebondir, étale son corps puissant, ouvre ses bras, prêt à l'accueillir, et lui fait son fameux clin d'œil, signe tacite et éternel que tout va bien, qu'ils sont sur leur terrain, jouent leur jeu.
Elle a compris, et saute à son tour sur lui, se laisse tomber dans son cou, envoie balader ses chaussures. Elle regarde autour d'elle : les pétales, les dorures, la suite…

— C'est complètement kitsch!

Elle rit et il rit avec elle.

Quelqu'un frappe à la porte, et elle se redresse d'un bond.

Plaisir de l'observer ainsi, de partager chacune de ses surprises, de ses réactions, fébrile panthère, diable sorti d'une boîte, sa Lisa sur ressort.

— T'es con ! Ils viennent alors !?

Elle le tape sur le bras, furieuse d'être tombée dans le panneau de ce géant qui ne vacille pas.

— Eh ! proteste-t-il en riant. Il se lève, ne lui répond pas mais se dirige vers la porte et l'ouvre.

Dans le couloir trône une table roulante sur laquelle sont disposés seau à champagne, coupes de cristal, fruits, sorbets, amuse-bouche.

Cérémonieux, il pousse la table jusqu'au lit, faisant agilement claquer la porte de son pied, et tend une enveloppe blanche, qui était posée sur l'une des assiettes, à Lisa.

Intriguée, elle l'ouvre, et en sort un petit sac plastique rempli de poudre blanche.

Il cligne de l'œil, à nouveau.

— À la berlinoise. Non ?

Il la regarde, devine la boule qu'elle a au ventre, ce mélange de peur et d'excitation.

Elle n'a jamais pris de ce truc. Elle a voulu, failli, plusieurs fois, même avant lui, avant Berlin. Mais il sait que quelque chose dans cette blancheur poudreuse la ramène à sa mère et aux peurs qu'elle avait, enfant.

Il la regarde regarder la blanche. Aujourd'hui avec lui, séparée de sa mère et des convenances par un océan : tentera, tentera pas ?

Qu'elle tente ou pas, qu'importe ! ce qui compte c'est d'ouvrir les portes, lui laisser entendre qu'avec lui, tout est permis, possible, imaginable. Qu'avec lui, pas de limites, si ce n'est celles du commun accord, qu'elle peut tenter, essayer, refuser, libre d'expérimenter, ici, loin de chez elle, avec les nouveaux siens : lui, et l'amour qu'il lui porte.

Elle lui en veut un peu, tout de même, de la mettre presque au pied du mur. Certes, elle peut toujours dire non, mais alors quoi ? Il en prendra seul ? Et deviendra sous ses yeux un autre qu'elle ne connaîtra pas ? Ou alors il gardera cette poudre pour la consommer avec d'autres, avec ses amis, le soir, dans les bars ?

Cela voudrait donc dire qu'il *faut* en prendre ? Qu'il n'y a pas le choix ?

Elle a gardé les yeux baissés.

Gentiment, il lui prend le menton, tourne son visage vers lui, tente de lui faire lire ses intentions, de la rassurer, en plongeant ses yeux dans les siens.

Elle le regarde, et la chaleur envahit son corps.

Il est vrai qu'elle aime ses initiatives, son désir de lui faire partager ses plaisirs, découvrir, explorer… Au lieu de s'amuser seul, il la fait pénétrer dans son monde, son univers. Et puis ce n'est pas comme si cette poudre en faisait réellement partie.

Tout de même… C'est de la drogue…
Le petit paquet de plastique la dévisage.

Prendra ? Prendra pas ?
Tentera ? Tentera pas ?

Sais-tu seulement comment me sniffer, ma pauvre ?

Depuis son arrivée en Allemagne et dans la capitale, ils sont beaucoup sortis, restaurants, bars à cocktails, ont écumé les dîners chez les amis, pris le train du dimanche matin pour s'échapper dans les forêts brandebourgeoises… Mais jamais encore il ne l'a entraînée à se frotter à la célèbre nuit berlinoise pure et dure, non plus qu'à ce serpent blanc qu'elle recèle.

Elle continue de fixer le paquet, comme hypnotisée.

Fascination. Peur, sans doute. Hésitation. Il la regarde, sait ce qui se passe en elle.

Elle surprend ses yeux posés sur elle, comprend alors qu'il la laisse maîtresse de son choix, de leur nuit.

Libre de dire oui, ou non. Elle n'est pas au pied du mur, elle est devant une porte qu'elle peut ouvrir, ou pas. Elle peut passer la brèche, ou rester tranquillement de ce côté-ci, et il l'accompagnera, sur ce lit ou là-bas, elle le sait.

Brusquement, elle ouvre le sac, attrape l'une des assiettes de porcelaine blanche posées près du seau à champagne, vide de la poudre, trop de poudre, sur l'assiette.

— Doucement, doucement, ma belle, t'es folle !

Il s'approche, amusé, vient à genoux sur le lit de l'autre côté, face à elle, sort de son veston la carte de la chambre, et se met à écraser la poudre, à la rendre fine, harmonieuse, homogène.

Elle regarde mais n'aime pas regarder. Elle a besoin d'être active dans ce processus, de savoir que c'est sa volonté, sa décision, qu'elle est actrice du moment. Elle tend la main, et il comprend, lui remet la carte.

Concentrée, elle s'applique, s'applique à rendre la surface de poudre la plus plane possible, la plus malléable, aussi, sans accroche, sans morceau, rien que ces grains de poudre comme un sable des plus blancs tropiques.

Elle sait quoi faire, elle l'a vu tant de fois. Soudain habile, intéressée par le rite, par l'usage, elle dessine des lignes égales, qui se ressemblent sans s'assembler, en longueur, en épaisseur, laisse à Ethan la part du lion, bien sûr.

— Très jolies !

Il y en a six, bien alignées, bien parallèles, six qui les attendent.

Il roule un billet de banque bleu. Vingt euros.

— Je serais toi, je prendrais celle-là pour commencer. Mais tu fais comme tu veux, ajoute-t-il en clignant de l'œil.

Elle s'empare du billet. La transgression, le passage de la frontière lui empourprent les joues, le visage.

On dit que cela a un goût d'ananas, mais c'est plutôt simplement frais.

Une narine, puis l'autre. Elle respire un grand coup.

Il sourit intérieurement. Elle lui a fait confiance. Sa belle, son élancée. Il sent en lui monter l'excitation de l'interdit, de la bêtise à deux.

Elle lui tend le billet, comme pour s'en débarrasser, comme pour signer la fin du début. Le début de la fin ? Il s'attaque à une ligne plus épaisse. Une narine, puis l'autre, aspire un grand coup, se masse rapidement les narines.

Qui sommes-nous ? se demande-t-elle. Une société de drogués ? De dégénérés ?

Prêts à faire des bruits d'animaux pour mieux s'imprégner ?

Elle réfléchit : étonnant comme le fait de transgresser une limite, de franchir une frontière la fait immédiatement passer du côté conservateur de la force, comme pour se protéger d'elle-même, comme pour s'orner d'une armure trop lourde et qui ne lui sied pas.

Il la regarde. Il faut la rassurer à présent, lui faire sentir que l'on est bien, ensemble, au Ritz, à deux, avec champagne, et que l'on ne craint rien.

Il repose l'assiette sur la petite table roulante, le sachet plastique refermé dessus, avec le billet de banque qui se déroule de lui-même, soldat coké voulant se rouler dans la poudre, et s'approche d'elle.

Leurs lèvres se touchent, si douces, leurs langues viennent à la rencontre l'une de l'autre, belles langues humides et tendres qui ne demandent qu'à jouer.

Il aime tant l'embrasser, s'y perd, s'y abandonne.

Ressent-elle comme lui l'anesthésie ? Anastasie ? Ils sont à trois, à deux, unis, et leurs baisers, enivrés.

Son désir monte, sa peau contre lui est chaque fois plus souple et soyeuse sous ses doigts. Il caresse ses cheveux, êtres mouvants, mord son cou, son oreille, la chair tendre de son dos.

Ils reprennent une ligne, franchissent un nouveau pas à deux. Il lui fait goûter quelques grains de raisin.

Lentement, sa pupille se fait plus présente, et vient manger l'intérieur de ses yeux. Beauté de cette femme devant lui, de ses yeux noirs, de cet air mutin et décidé qu'elle arbore.

Elle secoue ses cheveux langoureusement, il a des visions d'elle nue, près d'une source d'eau claire. Solennel, sans un mot, il lui prend la main, la mène à la salle de bains, à ses robinets d'or.

Le fait de marcher lui monte à la tête, elle parle soudain trop fort, veut tester la qualité de l'eau. Eau chaude, eau froide, mais comment, vraiment, à quelle vitesse ? Luxe immédiat ou attente communiste ? Il faut savoir il faut savoir, on est juste à côté du mur après tout.

Il délaisse une seconde son bruyant babil pour aller brancher son portable à la chaîne, choisit une musique langoureuse, baisse un peu la lumière, se retourne : elle est montée sur un fauteuil de style Louis XV, et se déhanche ostensiblement.

Il rit de ce spectacle, de la manière qu'elle a d'onduler trop rapidement, hors du rythme et surexcitée, les yeux grands ouverts, écarquillés.

Elle saute à bas du fauteuil et se précipite sur lui en riant et quémande : encore une petite, toute petite, juste pour rire.

Il n'est soudain plus sûr, la chaleur de son corps l'atteint déjà. Elle est moite, son front perle, son énergie naturelle décuplée la fait sautiller à ses côtés, vivante gazelle, biche exaltée.

Elle insiste, et il s'exécute, prenant bien soin de n'offrir que la moitié des doses précédentes. Lui offre la plus petite, en même temps qu'un verre d'eau. « Bois, mon amour, bois s'il-te-plaît. »

Elle est allée changer la musique pendant qu'il traçait, a lancé à toute volée l'infernal Kalkbrenner et danse à présent au milieu de la pièce rouge et or, danse, survoltée. Elle double le tempo du beat et s'agite et saute et redescend, ondulante sirène électrique.

Elle crie avoir chaud, se soupèse les seins, suffoque : extatique, vivante murène, affolante anguille, s'acharne sur l'éclair de sa robe.

Il faut agir, c'est le moment, tant qu'elle y voit encore clair, tant qu'encore elle comprend. Il fonce vers son sac, jetant sur elle des regards inquiets.

Ses pieds nus sur l'épaisse moquette, crinière lâchée jusqu'à ses reins, tête renversée, beauté dansante et remuante, déesse de *cartoon*, de dessin animé, statue grecque défoncée, fée sur-arrachée.

La fermeture cède, elle libère son corps, sa taille, respire, respire enfin, presque nue, arrache d'un grand coup sec le *gaffer tape* qui retenaient ses seins dans un long cri ardent, mais Ethan se précipite sur elle :

— Attends ! Attends !

Heureuse et libre, elle lance au loin sa robe fuseau, malaxe ses seins, ses beaux seins lourds, pulpeux, aux pointes roses, belles pointes dressées, impatientes, énervées, désir, envie, liberté chérie !

— LISA ! UNE SECONDE ! Attends une seconde !!

Paniqué, il tente de l'arrêter, d'arrêter sa fougue qui la pousse à le baiser, là, sur le tapis :

— LISA !!

Il est devant elle, se met à genoux, haletant.

— Lisa ! Mon amour ! Une seconde !

Elle lui relève la tête, puissante, affamée, le dévorant déjà des yeux :

— Lisa ! Une seconde, mon amour ! LISA !! J'ARRIVE ! MAIS UNE SECONDE !!

Il ouvre la petite boîte de velours noir attrapée dans son sac, la lui tend.
Elle ne voit rien mais son corps ondoie, se tord, tant elle l'aime, tant elle le désire, tant…

— Attends ! Lisa ! Mon amour ! Attends ! Lisa ! OH !! LISA ! TU M'ECOUTES ! LISA ! LISA ! MON AMOUR ! VEUX-TU ÊTRE MA FEMME ?

Hup Holland, hup ![11]

Sommer

Baignée dans le soleil, près du canal. Adorable chaleur de l'été, à en dormir sur les balcons pour plus de fraîcheur.

On se croirait au Canada lorsque le printemps revient et qu'une espèce de délire commun s'empare des rues, des gens, qu'ils déambulent à moitié nus, le sourire aux lèvres, et les fleurs aux vélos.

Déjeuner sous les saules-pleureurs, acidité de la Bionade sur la langue, les cygnes chassent les canards, le marché turc bat son plein, et elle se sent bien.

Le bonheur coule dans la gorge comme une rasade d'alcool en hiver. Frémissement du cœur et joie d'être là, au soleil, dans cette vie, en cette compagnie. Complicité partagée, érotisme de l'ombre des saules-pleureurs sur son décolleté. Son collègue est italien, et elle le lui rend bien.
Vibration du téléphone.
Message de son cowboy :

— Tu finis à quelle heure ?

---

[11] Hymne des supporters néerlandais de football : « Allez Hollande, allez ! »

Elle sourit de plaisir, prend tout de même soin de cacher son téléphone aux yeux du beau brun auprès d'elle installé.

— À dix-huit heures…

Elle garde son portable dans le creux de la main, prête à en ressentir la nouvelle vibration. Sourit à nouveau à son voisin, enhardie par l'amour d'Anton. Elle ne s'est jamais sentie aussi séduisante qu'aujourd'hui, aussi spirituelle et sexy que dans le reflet de ces yeux napolitains qui la dévorent depuis le matin.

Frémissement de sa paume, la réponse ne s'est pas faite attendre.

— Il faut qu'on parle. Je viens te chercher.

Elle se fige, n'entend plus les compliments.

« Il faut qu'on parle ».

Immédiatement, elle se tient un discours rassurant.

Ils ne font que rire, que faire l'amour ! Ils ont les mêmes envies, les mêmes amis, la même soif de liberté partagée. Tout est léger, logique, sûr, évident, dur comme du fer… non ?

Mais alors pourquoi vient-il la chercher, quand il a répétition?

Matteo la sort de sa douloureuse rêverie :

— Sommer ? Ça va ?

Elle se déride, et lui adresse un vivant sourire, reprend aussitôt part à la conversation, masque le doute et les questions qui la brûlent, mais discrètement manie les touches de son téléphone pour répondre à Anton sans jamais quitter Matteo des yeux. Hocher de la tête lorsque l'inflexion descend, prendre un air entendu, rire lorsqu'il rit.

« Je viens te chercher »... « Il faut qu'on parle »...

— Heu... d'accord. Mais tu vas pas à ta répet' ?

— Non. À tout à l'heure. Bisou.

Bon.

Bisou.

Bisou c'est gentil, ça, bisou.

Bisou.

C'est que tout va bien, ça, « Bisou ».

Bisou. Bon...

La journée passe et elle s'applique, travaille à se faire happer par chaque mot, chaque mail, pour mieux empêcher son cœur de parler, sa tête de cogiter. Se passionner pour un tableau Excel, une commande de fournitures de bureaux, le profil de la dame pipi pour l'événement sur le bateau. On saura bien assez tôt. Tout à l'heure, là, dans quatre... trois... deux heures et demi... Là... Bientôt... Dans dix minutes... Dix minutes !? Merde !

Le cœur se réveille, les joues rougissent, la respiration s'accélère. Elle se rappelle son lapin nain lorsqu'elle le prenait à pleine mains, le hissait à son niveau pour l'embrasser sur le museau.

Les battements de son cœur affolé faisaient trembler sa frêle cage thoracique, et il ne bougeait plus pour qu'elle se lasse et le repose.

Elle a appris, avec le temps, à maîtriser sa diction hachée par le trouble, à contrôler ses jambes flageolantes, pour présenter le calme extérieur du lapin. Mais l'émotion profonde reste toujours la même : indomptable.

Le soleil l'illumine lorsqu'elle franchit le pas de la porte. La cour est brûlante, le goudron chaud. Canicule.

Les filles sont presque nues, portent des couleurs claires et des hauts en coton.

Un couple de hipsters boit un latte macchiatto au lait de soja ; leurs bouches forment un cœur semblable à celui dessiné par le barista dans la mousse, et ils sirotent de concert en plissant des yeux satisfaits.

Sommer arrive dans la rue. Elle relève les manches de sa chemise blanche sur sa peau mate, découvre le discret tatouage en cyrillique qui orne son avant bras, près du coude – « мужество», «courage» en russe, dont elle est fière et honteuse à la fois. Fière de trancher avec l'image d'enfant sage qu'elle peut parfois renvoyer, de confondre les regards protecteurs en exhibant cette marque encrée; honteuse de n'avoir pas été plus originale, plus inspirée.

Elle aurait pu choisir le mot polonais «odwaga», qui ressemblait à un cri de guerre indien, pour rendre plus véritablement hommage à la lignée de femmes dont elle descendait, qui avaient passé la frontière à la tombée du mur alors que Sommer n'avait pas quatre ans et s'appelait encore Agnieszka, et appris l'allemand seules, cachées dans leur chambre, jusqu'à ne plus avoir trace d'un accent.

Elle avait cependant voulu préserver une partie du mystère, et ne pas afficher de manière trop évidente ses véritables racines, celles là même que sa mère et sa grand-mère s'étaient efforcées de rendre intraçables pour s'assurer un avenir à l'Ouest.

Anton est là, baigné de soleil, habillé de blanc, sa chevelure blonde ramenée en queue de cheval au dessus de ses tempes rasées. Sorte de samouraï sexy, grand, élancé. Tellement plus beau que tous les autres.

Appuyé sur son vélo de sport racé, il l'attend, grave.

Elle approche, cœur battant, ne sachant soudain plus, face à lui, comment agir. Sourire ? L'embrasser ? Oser une blague ? Rester muette, silencieuse ? Attendre ?

Elle se sent vide, apeurée, petite enfant venue en pyjama à l'école dans la classe des grands.

Il regarde à travers elle, la voyant sans la voir, et son cœur bat plus fort, elle ose s'approcher plus près, cherche ses yeux, et l'expression qui s'y reflète

alors la touche au cœur et l'alarme à la fois.
Que se passe-t-il ?

Ses épaules voutées. C'est grave.

Il s'est passé quelque chose de grave.

Les pensées se bousculent dans sa tête, à toute vitesse : un mort, une chute, un accident ? Ou alors, ou alors…

Il la prend dans ses bras, l'embrasse sur le front. Un temps. Celui pour tous deux de goûter à la valeur de ce baiser.

Son cœur bat de plus belle. Non. Il ne l'embrasserait pas ainsi si quelqu'un était mort. Il l'aurait prise dans ses bras, serrée fort contre lui. Là, il est distant, prudent : elle est concernée, cette histoire la concerne. Elle est, comme lui, touchée. Mais par quoi, bon Dieu, par qui ?

— On va près du canal ?

Elle acquiesce, silencieuse, la gorge douloureuse.

Elle regarde les passants, les jolies filles à vélo, les enfants courant derrière les poussettes, les jeunes se prélassant sur le pavé, lézards au soleil.

Beauté, couleurs d'une journée dont elle ne connaît plus le goût. La vie depuis un aquarium.

Le cliquetis des rayons de son vélo les accompagne.

Elle regarde les feuilles de tilleul tombées sur la terre sèche, entend les clameurs de moussaillons d'apparat voguant sur le canal dans de fiers bateaux pneumatiques jaunes.

Il cadenasse son vélo, tandis qu'elle cherche un coin d'herbe sans mégots dans l'herbe, où s'asseoir, et faire pendre ses pieds au-dessus de l'eau.
Il s'assied à ses côtés.

— J'ai vu Monika aujourd'hui.

Coup au cœur.
Grande fille blonde et filiforme, sa voix criarde, l'éclair rose de sa salopette.

— Elle voulait me parler.

Elle l'a récupéré ? Elle veut le récupérer ?

— J'avais plein de trucs à faire et ça tombait mal, mais elle a insisté donc je suis allé la voir. On s'est retrouvés dans un café.

Avance, mon amour, avance. Elle voulait quoi, qu'est-ce qu'elle te voulait ?

— Quand elle est arrivée, elle était toute pâle, elle avait l'air crevée, malade.

Ça prend encore ? Tu te fais encore avoir comme ça ?

— Je me suis dit que peut-être y avait un problème avec Tiago, et qu'elle avait besoin d'en parler…

Mais pourquoi avec toi ! Elle n'a donc pas d'amis ?

— Mais c'était pas ça… Elle voulait me parler parce que…

Et soudain cet homme qu'elle aime, qu'elle adule et qui irradie au soleil, cet être d'amour lumineux à côté d'elle tombe, se brise, courbe l'échine, vient écraser son front contre ses genoux, et éclate en sanglots.

Des sanglots affolés, ininterrompus, qui lui coupent la respiration, l'étouffent presque.

Son cœur voudrait fondre avec lui, mais sa tête le refuse, reste froide.

Elle ne sait pas. Elle ne sait pas ce qui le fait ainsi pleurer, ce qui s'est passé. Elle ne peut pas céder avec lui, partager cette émotion sans en connaître la raison.

Elle attend, froide, qu'il se reprenne. Le regarde, l'ausculte.

Ce vide en elle qui pourrait ressembler à une terrible indifférence, la glace. Quelle est cette distance, cette parfaite absence d'empathie ?

Cet homme à terre, là, qui pleure toutes les larmes de son corps, pourquoi ne parvient-elle pas à le consoler ? Pourquoi remarque-t-elle la déchirure sous l'aisselle gauche de son T-shirt, la fréquence du tremblement de son genou ?

Elle a peur, en réalité. Peur de se retrouver à nouveau dans l'autre monde, celui qu'elle connaît trop bien, depuis trop longtemps, et pensait avoir fui.

Un monde où les mots sont mirages, le sol marécage et les sables mouvants.

Elle a peur.

Ce constat la calme d'un seul coup.

Elle ne sait rien, tout est encore possible… Elle ouvre les yeux sur la scène qu'elle redécouvre, devant elle, parvient à la voir telle qu'elle est, et non plus déformée par les fantasmes et les projections.

Mais oui… C'est lui, et il faut le relever, le secourir, l'assister.

Elle l'enlace, pose sa tête sur son dos, lui murmure des mots doux, des mots d'amour.

— Que se passe-t-il, mon ange ? Qu'est-ce qu'il y a ? Tu peux me dire…

Il s'est repris, s'est redressé.

Il sèche ses larmes, tandis qu'elle lui caresse la joue, qu'elle l'embrasse dans le cou, qu'elle le serre contre elle, doucement, passionnément, et pense : « Tu es mon amour, mon amour. Je suis là, ne t'inquiète pas. »

Il la regarde, les yeux rougis.

Son menton tremble, mais il parvient à se ressaisir. Sa voix, faible, est cependant déterminée.

— Elle est enceinte. De moi.

Elle entend un oiseau dans l'arbre, qui chante. Le même oiseau que celui qui annonçait le début du printemps, la venue de Pâques, à la campagne. Son frère et elle faisant rouler les œufs colorés au bas de la colline. Sa joie lorsqu'il la laissait gagner.

C'est désormais lui qui scrute son visage, la dévisage, cherchant à voir, à deviner.

Elle n'a pas répondu, elle ne répond pas.

Pris de terreur, il poursuit, d'un débit rapide, saccadé :

— Elle est enceinte, et elle sait pas quoi faire.

Elle a fermé les yeux deux secondes. Se retrouver dans le noir, seule, au calme. À l'ombre, au frais. *Oh oh oh oh oh Miko, passion glacée.*

Elle se rappelle leurs dimanches au lit, sa manière de lui faire l'amour. Elle se souvient de ses regards, de leurs danses gitanes sur la piste du Kater Holzig. Elle se rappelle les gages, les courses dans la nuit. Le saut dans la Spree. La plage, le bois, la nuit en canoë. Elle se souvient de Noël, du dîner préparé. Dans le salon, du tipi dressé. Des coussins, des BD, du chocolat. Elle se souvient de sa musique, et des quartiers d'orange…

Mais c'est trop tard, et tout en elle afflue, comme si on avait d'un grand coup ouvert les vannes. L'eau est là, lui monte au cerveau, elle en est pleine, elle coule, elle ne peut pas. Pas à nouveau, pas comme ça. Vous avez pas compris ? Faut s'adresser à qui ?

Plus les voir partir, tous, les voir s'envoler. Ce n'est pas possible. Le chemin de croix c'est une fois, pas trente, y a des limites à tout, les gars. C'est fini, on arrête ! On me fout la paix ! La paix ! Okay ?

Il passe timidement sa main sur sa joue, tremblant de la voir si pâle, si immobile.

Elle n'y voit plus rien, aveuglée, en choc, elle le sent contre elle, lui qu'elle aime, et qui appartient à une autre, déjà…

— Elle est enceinte de cinq mois. Elle s'est renseignée, il lui reste deux semaines pour avorter.

Un enfant d'eux, sans elle. Un enfant qu'ils vont élever ensemble et sa voix de crécelle criera son nom et il viendra à elle et – attends attends… Quoi ?

Attends QUOI ?

La voix brisée elle répète faiblement :

— De cinq mois ?

Cinq mois cinq mois mais alors –

— Mais alors c'était avant nous ?

Il la regarde comme si elle venait d'insulter la mère, la fille et le Saint-Esprit.

— Mais bien sûr que c'était avant nous, qu'est-ce que tu crois ?

Fleuve Amour qui me bénit entre toutes les femmes, et le fruit de tes entrailles est – non non, non…

— Elle a encore deux semaines pour avorter si elle le fait aux Pays-Bas, mais après ce sera trop tard.

Se concentrer deux secondes, comprendre ce qu'il dit… Il m'a pas trompée il m'a pas trompée c'est une folle une tarée mais il m'a pas trompée !!!

Attends, attends, il parle là, il continuer à parler, comprendre, comprendre, se concentrer.

Keskidi ?

Tout d'un coup, frappée, le sens lui vient :

— De CINQ mois ??!!!
— Mais… Sommer !... tu m'écoutes ?

Il a l'air épuisé, il est vrai qu'elle ne lui est pas d'une grande aide.

— Pardon mon cœur, pardon, je t'écoute, c'est juste que…
— Elle est enceinte de cinq mois, et il reste deux semaines, après ce sera trop tard, après c'est illégal partout même en Hollande !

Elle entend un long sifflement.

Réalise soudain que c'est d'elle qu'il provient, elle qui siffle.

Ah ouais. Ah quand même.

Donc cette folle est en train de mettre en péril leur futur ?

Anton pourrait se retrouver père de l'enfant d'une dingue ? Lié à elle, père, sa vie entière ?

— Il faut qu'elle avorte !

— Oui !...

— Y a pas d'autre solution !!

— Bah oui bah je sais, mais comment on fait? Je sais pas, moi, ce qu'elle se dit, ce qu'elle va décider, elle est complètement confuse…

Elle réalise qu'elle ne sait pas non plus ce qu'il pense vraiment de tout cela. Après tout, il pourrait lui non plus ne pas être sûr de sa décision, mais torturé entre la promesse d'un avenir infernal et la décision de devoir mettre fin à une vie. Cinq mois… Cinq mois mon Dieu…

— Mais Anton, tu en penses quoi, toi?

Il la regarde l'air complètement perdu, comme s'il en était arrivé à se méfier d'elle aussi.

— Mais qu'est-ce que tu veux que j'en pense ? Mon futur est lié à une folle furieuse qui a mis cinq mois à se rendre compte qu'elle était enceinte alors qu'elle est sage-femme ? Qu'est-ce qu'elle me veut ? Pourquoi elle me fait ça ?

Elle réfléchit. Bonne question. Y a-t-il une intention derrière tout cela ?

— Tu penses qu'elle le savait et qu'elle a laissé faire ? Tu penses qu'elle va garder l'enfant ? Mais elle a un mec, maintenant, pourtant... Qu'est-ce qu'elle te veut, qu'est-ce qu'elle cherche ?

Son soupir dit sa souffrance, sa peur et sa frustration à ne pouvoir agir, à rester ainsi, pieds et poings liés.

— J'en sais rien... Bon en même temps elle est venue me demander mon avis... elle s'était déjà renseignée pour les Pays-Bas. Mais qu'est-ce qu'on peut croire ou ne pas croire de cette fille ?

Il secoue la tête, mouvement perpétuel et choqué.

— Je ne peux pas être le père de son gosse, y a pas moyen, je peux pas avoir un gamin avec cette meuf, pas avec elle, pas avec elle !

Elle respire : il faut lui poser la question frontalement, être sûr de sa décision, sûr qu'il réalise bien et comprend véritablement la situation.

— Anton, pardon, mais c'est important de vraiment se poser toutes les bonnes questions. Monika est pas une fille saine, c'est pas une fille sensée. Alors il faut qu'on le soit d'autant plus.

Tu le vivrais comment, toi, si elle avortait ?

Elle ne peut continuer. L'idée que l'enfant d'Anton grandit en ce moment dans le ventre d'une autre lui soulève le cœur.

La vision, aujourd'hui aberrante et pourtant bien réelle, de l'intimité qui fut. Lui en elle. Leurs peaux jointes, leurs corps mêlés, langues, sucs, vies.

Cette folle qui depuis le début de leur relation vient envahir leur vie privée de messages d'abord haineux, puis publics et doux, déplacés, baisers rouges et insensés, petits cœurs ridicules, comme si on avait besoin d'elle pour vivre, comme si on ne pouvait pas, entre gens décents, accepter le fait que leur histoire a été, que le temps a passé, qu'il est bien révolu ?

Évidemment, déséquilibrée, et incapable de se conduire comme elle le devrait, mais alors, ce bébé ? Déni, ou volonté ?

Il faut tirer le problème au clair, réfléchir, trouver la solution.

— Je peux même pas penser à une alternative. Je veux même pas penser à ce qui se passerait si elle avortait pas. Je peux pas. Pas avec elle, c'est pas possible.

Cinq mois… cinq mois…

Qu'est-ce que pense un fœtus à cinq mois ? A-t-il déjà une conscience ? Se sait-il exister ?

Ne pas réfléchir en ce sens, non, non, ils ne peuvent pas se le permettre.

Rester pratique, rester pragmatique.

— Vous vous revoyez quand ?

— Ce soir. Mais je voulais te parler avant.

— Alors il faut rester calme, mon amour. Il faut la faire parler. Il faut comprendre si elle l'a fait exprès, si c'est programmé, pour réussir à lui faire entendre raison. Il faut comprendre dans quel état d'esprit elle est pour réussir à la faire t'écouter. Sinon on va droit dans le mur.

Il approuve, songeur, désormais silencieux.

Ils marchent côte à côte. Le cliquètement de son vélo les accompagne.

Ils marchent sans se toucher, le regard perdu au loin mais ressentant au plus profond d'eux la présence de l'autre à leur côté.

Elle finit par lui prendre la main, se blottit contre lui. Sans le regarder. Marchant. L'un contre l'autre pressés. L'un contre l'autre serrés.

Chez elle, ils font l'amour dans la chaleur de la fin du jour.

Lentement, gravement. Elle en pleurerait presque tant il est beau et grave.

Force de leur amour.

Ne pas se laisser aller à cette nostalgie dévorante.

Oui, ils ont grandi, oui, désormais adultes.

Il la serre longuement dans ses bras en partant.

— Je t'écris quand j'ai fini, oui ? Et je viens.

— Oui.

— Je fais comme on a dit.

— Oui.
— Je l'écoute.
— Oui.
— Je t'aime.
— Je t'aime aussi.

Baiser chaud dans cette nuit glacée.

Elle frissonne, sa poitrine oppressée par la joie qu'elle voudrait pouvoir feindre, en vain.

Les heures passent, elle est immobile.

Du salon, les rires de ses colocataires lui parviennent. Le son de la télé, du foot.

Pays-Bas - Costa Rica. Brésil 2014.

Elle pense à ses parents, à son beau-père, à l'amour qu'il lui portait. Revoit l'Église protestante et vide, la veille de l'enterrement. Le silence et le dépouillement.

Soudain, elle est prise de panique, d'angoisse. Et si Monika parvenait à lui faire entendre une autre raison ? Et si Anton venait à changer de décision ? Rester avec elle, s'occuper du bébé ?

Irrationnel, irrationnel, mais si douloureux de les savoir ensemble à discuter de ce dont elle ne fait pas partie et qui ne concerne qu'eux.

Pourquoi ce besoin d'être un, unis, intrinsèquement liés ? Pourquoi cette douleur à savoir que l'autre a vécu, que le passé est encore là, plus que vivant, grandissant, preuve flagrante dans le ventre arrondi d'une autre ?

Pourquoi se faire ainsi petite souris quand de toutes façons l'on n'y peut rien, quand ce n'est pas là qu'il nous faut surfer, mais sur l'avenir, forts du passé et capables de se tourner vers tout ce qu'il nous reste à faire, à vivre, à découvrir ?

Pourquoi souffrir de ce que l'on n'a pas traversé, en faire un océan quand ce n'était qu'une flaque ?

Pourquoi en être toujours aussi affectée ? Elle qui pourtant aime et célèbre la vie ?

Cinq mois… cinq mois…

Qui es-tu, petit enfant ?

Quel serait le son de ta voix ?

M'en voudrais-tu ?

Pourrais-tu être heureux ? Avec elle ? Heureux, avec cette folle ?

Prends-je vraiment cette décision en connaissance de cause, en connaissance de mère, ou de manière égoïste, voire aveugle ?

Elle sursaute.

Un message est arrivé qui la réveille.

Elle s'était endormie ?

Le message dit :

« En route. Je t'aime ».

Cœur battant, elle se redresse sur le lit qui l'avait happée dans ses coussins colorés.

Grand calme.

La vérité approche ; elle a enfourché son vélo fin et file vers elle dans Berlin. Il n'y a plus à angoisser, plus à penser ou à souffrir. La vérité, entière et non influençable, est en chemin.

Un bruit de clefs dans la serrure, elle l'entend qui laisse son vélo contre le mur du couloir.

Les colocs ne le voient ni ne l'entendent, trop absorbés par les penalties du match. Le second de la soirée. On les entend hurler à chaque fois que les Pays-Bas marquent.

Anton entre sans bruit dans la chambre, et vient à elle.

Il la prend dans ses bras longuement, en soupirant, en la berçant un peu.

Exténué. À plat.

— C'est bon. C'est terminé.

Lentement elle se dégage, veut le regarder.

Il se laisse tomber sur le lit, ouvre ses bras pour qu'elle vienne à lui.

Elle s'assied doucement tout contre lui, sous son épaule. Ne le regarde pas mais sent son souffle chaud, l'écoute. Sécurité, proximité, bonheur d'être l'un contre l'autre.

Elle se sent calme, fatiguée. Prête à entendre.

— On a beaucoup parlé. Je lui ai posé des questions qu'elle ne s'était pas posées. Je suis pas sûr qu'elle ait vraiment tout voulu, tout programmé.

Il la serre plus fort contre lui. Elle soupire.

— Tiago c'est un bon teufeur. Ils ont bien profité. En teufs, mais pas seulement. Chez eux, dans le bain, au petit matin, ils se faisaient des rails sur les boîtes de savon. C'est trop risqué. Elle veut même pas faire d'examen, elle a honte. Elle a peur. Elle a pris rendez-vous à Maastricht, je vais l'y accompagner. C'est fini, c'est terminé.

Sommer reste silencieuse.

Ce qu'elle ressent n'est pas du soulagement. Elle respire, simplement.

Respire, comme elle le fait chaque seconde. Sent sa poitrine se soulever doucement, l'air pur lui emplir les poumons. Expire, goûte cet élixir, ce souffle, qui la maintient en vie.

Un enfant va mourir qui serait né d'une folle. Victime collatérale de la drogue, de l'alcool.

Cynisme de la vie. Elle se sert plus fort contre lui.

Un cri strident les fait sursauter : les Pays-Bas ont gagné.

Depuis le salon leur parvient le chant des colocataires qui hurlent, fous de joie, en chœur et avec les supporters:

Hup Holland Hup !
Lalalalalalalalala
Hup Holland Hup…

Sortie sortilège

Aurore

Elle avance dans Mariannenstrasse.

Quelle idiote d'avoir oublié ses lunettes de soleil au bar! On va faire comment, à présent, à nu, comme ça, devant tout le monde ?

En même temps, il faut relativiser, ce n'est pas exactement comme s'il y avait foule, il est encore trop tôt…

Il est quelle heure ?

Combien énorme et lumineux et diaphane, le clavier du téléphone.

Les chiffres et les lettres magistraux, vivants, gonflés de vie, presque fluorescents.

C'était pour quoi, déjà, le téléphone ? Ah oui l'heure ! L'heure ! Dix heures. Ouais, grave, il est tôt.

Elle croise une femme turque, aux cheveux recouverts d'un foulard coloré, qui se hâte vers les commerces commençant à ouvrir.

Baisser les yeux, regarder ailleurs, prendre l'air concentré.

Ne pas la laisser voir, ne pas la laisser deviner.

La laisser deviner qu'elle la voit de toutes les couleurs, ouais ! Que les motifs de son foulard s'échappent du tissu pour dessiner autour de sa tête le halo coloré d'une bande dessinée !

Bon.

Complètement déchirée, donc.

Une envie irrépressible de rire.

Elle rit. Un petit rire discret, long, répétitif.
Un gloussement, quoi, faut dire ce qui est, tu glousses, ma fille, tu glousses à mort !

Une folle. Une tarée. Ils doivent penser que je suis *une folle ! Une tarée !*

En même temps, en même temps, tu parles. Ils savent tous très bien ce que c'est.
On est à Kreuzberg, merde !
C'EST VENDREDI OU C'EST PAS VENDREDI !?

C'est pas vendredi, on est dimanche, meuf, on est dimanche, et t'es complètement arrachée ! Viens, on va aller voir dans le parc, là.

Regarder à droite, regarder à gauche, re-regarder, deux fois, pas le moment de se faire écraser par une voiture les tripes à l'air et le rouge vermeil de son sang maculant d'horreur la rue et venant se mêler au rouge plus sombre de sa chevelure qui viendrait coller contre sa tempe en une croute épaisse et velue, pas le moment pas le moment !

Elle traverse. Face à elle, un type, dont elle n'évite pas le regard, trop concentrée qu'elle est à marcher droit devant elle, si possible de façon naturelle.

Elle le voit la regarder, lui sourire. Un sourire qui sait, un sourire sage, complice, qui lui dit, elle l'entend, avec ce bel accent chantant: « Enjoy… to the maxxxxximum! »

« T'inquiètes, mec ! » lui répond-elle de même et subliminalement. Subliminalement ? Ça existe, ça ?

Quand même c'est pas tous les jours que – alors attends là parce que comment on entre dans ce truc ? C'est un square ? Ah ouais c'est un square… Faut juste pousser la barrière, en fait, quoi. Enfêtkoa. Kôa.

Des arbres partout, des arbres absolument partout et là grand, immense, sur le flanc de la propriété, un énorme astronaute géant tagué.

Incroyable ! Spec-ta-cu-lar, articule-t-elle intérieurement à la manière de Kevin.

Taggé à la serpelette ? À la quoi ? Quel était le mot employé jadis par son ami Joseph ?

Elle réalise s'être arrêtée en plein mouvement, en pleine extase, le portail en métal encore à la main. Si quelqu'un la voyait ! S'il y avait des enfants dans le parc !

Petit coup rapide paranoïaque gauche-droite de la tête Lyon-Paris, Paris-Lyon : non, non. Personne.

Sing Hallelujah brothers, on est seuls, entre nous, alors avance Hortense, commeuh tu sais faireuh, se chante-t-elle en reprenant sa marche et réalise soudain combien pressante l'envie.

Mmmmmmh.
Problematisch.
Épineux, même, dirais-je. Mais voilà qu'apparaît justement au loin un buisson de roses et d'épines adéquat.

Le trou lui parut propice, oui.

Le couple sur le banc, là-bas, beaucoup moins.
Ils me voient ?
Cette impression de ne plus vraiment contrôler son corps, ni ses mouvements. Et si elle se montrait entièrement nue, pensant avoir simplement baissé son pantalon ? Et si elle n'était pas du tout cachée par les branches, mais en plein milieu du chemin, au vu et à la sue, la suée, la sueur ? La quoi ?
De tous ! D'eux, là, surtout !

Oui mais quand même, vraiment pressant, le moment, besoin, tu vois, truc nécessaire, pas d'alternative, pas d'excuse, quand faut y aller, faut y aller, plus le choix, ma grande, c'est fini et soulagement, putain, du bas-ventre en ce club mate, en ce clan paumé, en ces litres de vodka hier ingurgités.

Pas fatiguée du tout mais alors pas du tout.

Merveille du métro jaune qui passe à toute vitesse. Éclair. Fanny Ardant : « *La vie est une série de flashs* ».

Bon c'est fini oui ? Impossible que le grand fleuve Amour en elle ainsi doré… Ah quand même. Voilà, c'est terminé. *C'est bien, c'est beau, c'est bosch.*

Le couple d'amoureux au banc vert adossé.
Torsion du cœur.
Ventre noué.

Celal.

Il fait quoi ? Il est où à cette heure, là ?
Il baise qui ? Avec quoi ?

Ne pas y penser, ne penser à rien, continuer d'avancer, de regarder Berlin.

Mais elle ne peut détacher son regard du couple. Halo nébuleux puissant qui rend flou le restant du monde, ils en deviennent rouges, oranges, subtilement déformés, grandissent, grandissent devant elle qui se sent devenir petite, minuscule, jambes fléchissantes, âme contondante, fleur bleue, fleur bleue putain de merde.

C'est rien, ma fille, c'est une baisse de tension, tu connais ça, t'as l'habitude, t'es sous buvard, t'as rien mangé, t'as picolé toute la soirée, c'est normal, il faut juste s'asseoir.

Elle s'assied à même le sable, près d'un nouvel arbre, à quelques pas du rosier.

Rester discrète, cachée, à l'ombre. Il est tôt mais quand même.

En s'approchant elle remarque les nervures des feuilles. Comme si tout s'éveillait et se mettait à bouger. C'est parce qu'elle s'approche ou c'est quoi ? Vas-y attends, on va voir.

Elle ferme les yeux, et les rouvre d'un coup. Hop ! Comme *par surprendre* !

La sève fait semblant, fait style, immobile, un temps… et lentement ça repart, ça reprend ! Et on ferme à nouveau les yeux, et tout s'arrête ! Colin-maillard ! Cache-cache avec les nervures!

Il est au Kit Kat Klub[12]? Il est où ? Est-ce qu'il a ramené cette fille, là, la grande blonde si vulgaire ?

Comment pourrait-il? Oui, elle est jolie, oui, d'accord, plastiquement, mais--

Mais c'est pas vrai ! Mais j'avais dit que je voulais plus !

Penser à autre chose, penser à autre chose, à cette nuit, se raconter cette nuit, allez.

Alors.

Alors le bleu du jour levant, par la fenêtre.

Sa peau contre la sienne, trop douce pour être vraie, ses yeux, dangereux serpents, sa queue, vibrant objet de chair, dure et grande et ferme et

[12] Club berlinois réputé pour son excellente musique mais également pour ses soirées fétichistes et échangistes.

longue et parfaite, parfaite dans la main, inespérée, jamais n'aurait pu croire que dans son état – belle et ferme : parfaite. Son poids contre elle, son poids, sa langue, les palmiers au-dessus de leurs têtes, tigres, serpents, fauves en elle, délice qui lui monte au cerveau et la prend, la prend toute entière envie de crier stop mais ne peut pas, stop ! pour s'assurer que pour lui aussi délice jamais encore autant pour lui aussi palmiers au-dessus de la tête yeux de serpent, danger de ce plaisir insensé, danger de ce corps contre le sien, un baobab, un autre, son amant.

A-t-elle blessé Celal ?
S'est-il levé, est-il parti, a-t-il payé ?

Derrière elle le métro passe et elle ressent le tremblement de la terre. Mamie dans la machine à laver. Faire l'amour avec Parkinson. Nan, c'est horrible, comment tu peux dire ça.

Partie ainsi devant lui, à la poursuite d'un autre. Où, lui, maintenant ? Celal ? Où, avec qui ?

Pourquoi jamais seuls, pourquoi toujours ces yeux, ces mains ? Pourquoi pluriel, pourquoi les autres? Assez, assez.

Les graviers sous ses pas. Collier de perles du bitume, éclats de verre colorés scintillant au soleil.

Elle a froid, s'aperçoit qu'elle tremble.
Rien pour se couvrir.

Toutes ses affaires sont encore chez lui, chez l'autre, le prince. Qui dort, beau comme un roi.

La fatigue. La fatigue avait fini par le lui enlever.
Il s'était assoupi, contre elle, encore en elle, pesant sur elle de ce poids aimé.

Inconnu, inespéré, quand elle ne pouvait plus y croire.

Mais impossible de rester seule, impossible. Elle avait bien essayé, s'était souvenue des conseils de Joseph.
Dessine-moi une histoire.
S'il-te-plaît, dessine-moi une histoire.
Avait pris dans son sac un bâton de rouge à lèvres, de ceux bien pourpres, bien écarlates, rouge violence, rouge accusation, s'en était orné la cuisse. Orné la cuisse, non, avait dessiné sur sa cuisse. Des traits, des ronds. Pas inspirée. Et puis ça ne bougeait pas, elle ne voyait rien, elle avait l'impression que ça s'était arrêté d'agir.

Elle s'était alors levée, énergiquement levée, nue, avait revêtu le long kimono qu'il lui avait prêté.
Elle était douée pour ça, pour être défoncée, avait du talent pour l'hallu: il fallait sortir, on ne pouvait pas rester là, il fallait sortir explorer.

Dans la glace elle s'était regardée.
Étrangement belle.
Bien sûr, les yeux cernés, bien sûr, la fatigue marquée, mais également, cette vie dans les yeux, dans le regard.

Réunir ses affaires éparpillées sur le sol, pantalon, débardeur, petite culotte, hop ! Ne pas le réveiller. Elle était à présent déterminée, il lui fallait sortir, lui fallait se ranimer, se donner à la ville, s'adonner à la liberté, ne pas le réveiller, ne pas risquer d'être interrompue, troublée dans cet élan.

La porte refermée, elle était allée s'habiller dans la salle de bains en hâte.

Ses lunettes de soleil ? Où étaient ses lunettes de soleil ?

Impossible de les trouver.

Oubliées au bar, sûrement.

Oserait-elle ? Oserait-elle sortir ainsi, au vu, au su des gens ?

Berlin, oui... Mais quand même…

Un bruit dans la chambre la pousse à se décider.

Elle sort, fuit, peur d'être trouvée là habillée, hésitante. Il vaut mieux trancher. Trancher, y aller franchement, faire le grand pas, le grand saut. Prendre l'ascenseur, donc.

Une petite marque faite au spray noir sur le plafond de l'ascenseur lui confirme qu'elle est bien encore complètement mais alors complètement sous effet.

Ultime fascination.

L'impression d'être happée par cette tache aux contours flous, comme le cochon Porculus l'était par la boue si douce…

Bon, mais maintenant, dégager, absolument dégager de l'immeuble, surtout qu'aucun des voisins du baobab ne voie cette espèce d'oiseau de nuit de jour, les yeux en extase devant la beauté du monde.

Le baobab. Entré la veille dans le bar, alors qu'elle commandait à boire, il s'était assis à côté d'elle, élégant, sur l'un des hauts tabourets, avait sorti un bon mot destiné à tous, simple, charmant, sans drague ostentatoire.

Elle avait ri, elle-même surprise de l'éclat, de la franchise de ce rire.

Ses boissons servies, était retournée s'asseoir auprès de Celal.

Ses cheveux, noirs, la manière qu'il avait de les attacher. Son pardessus, soudain obsolète, soudain anachronique. Professeur de littérature au manteau conventionnel, élimé.

Que faisait-elle ici, dans ce désir obscur ?

Jamais à deux, jamais seuls. Ne lui suffisait-elle donc pas ?

Celal, « majesté, splendeur », en arabe, alors qu'il est allemand.

Encore des parents post-hippies qui prennent du LSD pour se rendre à la maternité.

Oui. Bon. Tu peux parler…

Elle frissonne de plus belle.

Merde, il va falloir se mettre à avancer parce que je vais pas tenir longtemps comme ça.

Mais c'est vrai, quoi, il faut quand même faire attention à ce qu'on fait, à ce qu'on dit.
« Majesté. »
« Splendeur. »

À nouveau, éclair de vie jaune sur les rails venant se mêler au rouge vif des roses, au vert tendre du buisson. Le ciel s'est un peu couvert. Il ne fait pas froid mais le soleil n'est plus là.

Oui, certes, oui, lorsqu'ils faisaient l'amour devant les autres, elle était sienne, sa belle, son unique, sa femme, sa reine. Parée de son envie devant tous, et ils jouissaient ensemble de leurs désirs.

Elle marche, elle avance.
Elle longe les murs.

On marche beaucoup trop vite, quand même, non ? Il faudrait ralentir, pouvoir profiter.

Beaucoup trop vite pour quoi ? Profiter de quoi ?
De l'exposition ! se répond-elle à elle-même.

Les façades ornées, peinturlurées de chaque bâtiment sont autant de tableaux vivants. Musée en plein air, vernissage du graffiti ! Qui était là le premier? Le tag ou la maison, l'œuf ou la poule ?
Devant elle, un graffiti coloré qu'elle imagine flotter, libre dans l'air, être mouvant. Puis tout d'un coup, coulée de béton. Pan !
Emprisonné, bébé ! Mais toujours émouvant.

— *You look great, my love,* dit-elle au tag.

Mais où, mais quoi, dans quelle direction ? Dans quelle étagère, Gaston ?

Je ne peux plus en rire.

Et mes vaines tentatives se sont contre toi épuisées, vagues déçues, faibles, diminuées, contre cette roche implacable, hermétique, cette roche que jamais je n'érode.

Dans le bar et devant son silence, devant cette présence sèche qui lui apparut soudain comme dénuée de vie, cet homme sans envie en dehors de la scène, exhibitionniste, amateur, arbre sans sève quand sans spectateurs, elle se leva, belle, impériale et triste, prit son manteau, et sortit à la suite du baobab.

Dans la rue, elle accourut à sa hauteur, jouant la carte de l'accent, de la fille perdue dans Berlin.

Je sais pas où aller, amour bleu, tu m'emmènes ? Tu me prends sous ta branche de baobab géant ?

La nuit, l'alcool, leurs rires.
Les baisers sur le balcon dans le petit matin.
Sa langue, ses lèvres, vivantes chairs vibrantes.
Leur solitude à deux, amour unique, heureux.
Seuls.
Seuls.
Enfin.

Elle s'arrête.
Rapuntzel, les mecs, t'as vu ? Nan mais j'te jure !

C'est ses cheveux, sa chevelure, regarde !
S'approche, et pouffe de joie : c'est de la vigne, folle de toi.

Six ans, six ans de sa vie passés dans les bras publics de cet homme. Comment s'en défaire, quand chacune de ses pensées la ramène à lui, à sa « splendeur », sa « majesté » ?

Elle a vu Celal tout à l'heure, dans la chambre, contre le baobab endormi.
Elle marchait seule, dans un grand désert de roches et de sable dur.

Elle ne voyait personne mais savait qu'ils étaient là, tous, les aimés, les amis, la protégeant depuis leurs cachettes, enfouis, invisibles, mais bien présents. Les Guillaume, Romain, Diane, Sabine et Alicia… Les Gustave, Sacha, les Alexia. Les Mélie, les Maria. Tous là.

Elle marchait dans la chaleur nue, et sut soudain que ce pays était le sien, son empire, l'empire de Celal. Elle marchait sur cette terre aride, desséchée, et soudain, devant elle : lui, énorme, gigantesque, sa tête de pierre dressée vers le ciel, monument de roc et de sable magistral dominant la vallée.
Le Maître.
Et elle, l'esclave.

Et soudain elle comprit, compris que c'était elle qui l'avait élu ainsi, que c'était elle qui avait sculpté cette tête, donné ce titre, attribué ce royaume. Lui-même n'en voulait pas de ce rôle, de ce sacre, de cette adoration.

Moi les Hébreux, lui Pharaon.

Elle avait fait de lui le Pharaon de sa terre, le maître des lieux et de chacune des pierres ; elle était seule coupable.

Prisonnière de son propre désir, de sa propre illusion, enchaînée à son propre fantasme.

Il faut sortir, se libérer, faire tomber le roi, lui couper la tête ! Ôter la chaîne et passer la frontière, changer de nom, de contrée, de nation, déclarer la république, l'autoproclamer.

Elle voit ce qu'elle doit faire, mais ne sait vraiment pas comment y arriver.

Chacune des phrases qui tournent dans sa tête la conduit encore et inexorablement à lui. Prisonnière, enchantée, il faut se libérer, il faut mettre à terre ce pouvoir, lui échapper.

Sortir sortie sortilège. Laisse-moi partir.

Mais tu ne veux que cela, et c'est moi qui n'y parviens pas, et c'est moi qui, seule, reste…

Se remettre en marche, reprendre vie, foi, mouvement.

Respirer, respirer vraiment. Ne plus se laisser happer ainsi par la force de son esprit dans lequel elle disparaît, tourbillon démesuré, vivant, flaque d'océan, tempête de square.

Elle arrive à Mariannenplatz. Dans le sable où jouent les enfants, de petits vers se dessinent sous ses pieds, gravures du sable enchanté.

Il faudrait retourner à la source, à celui qui aime.

À celui qui d'amour irradie.

À celui qui l'attend. Peut-être.

Elle sort son téléphone, les touches, les mots, énormes sous ses yeux.

Appelle.

Elias.

Son roi rayonnant.

Fait sonner.

Pas de réponse.

Où ? Où ? Où aller ?

Elle ne peut rentrer chez elle, elle ne peut être seule toute seule, il lui faut être seule à deux.

Elle ne veut plus qu'Elias, sa chaleur, ce corps superbe sous le kimono blanc, sa force tranquille et la douceur de sa peau. Le magasin de crayons de couleur dans lequel il l'a emmenée lui faire l'amour, sous le métro, et leurs corps dessinaient sur les murs des arcs en ciel.

Cette jeune jungle au-dessus de leurs têtes, lui serpent, elle vague de désir.

Son téléphone, dans sa poche, vibre.

Elias.

— Love, where are you ?

— I'm sorry, I had to leave one second to go and explore… Did I wake you ?

— No, I just woke up and saw your message. Where are you ?

— Elias… Can I come back ?

— Of course, love. I'm waiting for you…[13]

Enivrée de vie, d'amour, parmi les enfants, de reconnaissance au milieu des arbres, elle avance, marche du pas ailé, marche vers son prince, son baobab, son enchanté.

---

[13] — Ma belle, t'es où ?

— Je suis désolée, j'ai dû sortir une seconde pour aller explorer… Je t'ai réveillé ?

— Non, je viens juste de me réveiller et j'ai vu ton message. T'es où ?

— Elias… Je peux revenir ?

— Bien sûr, ma belle. Je t'attends.

MERCI à ceux qui m'ont lue, encouragée, accompagnée tout du long

Anne-Marie Vrla
Nelly Biondi
Lucía Valverde
Jan Vrla
Lydiane Agier
Manon Heugel

Que je ne remercierai jamais assez ;

Merci à Roland Garrigue, et son talent d'illustrateur,
Et à Jérôme Martin, mon cher éditeur ;

Merci à ceux qui sont là, toujours et quoi qu'il arrive

Jonas Steckel
Alexandre Vrla
Antoine Porcher

Table des Matières

L'HARMATTAN ITALIA
Via Degli Artisti 15; 10124 Torino

L'HARMATTAN HONGRIE
Könyvesbolt ; Kossuth L. u. 14-16
1053 Budapest

L'HARMATTAN KINSHASA
185, avenue Nyangwe
Commune de Lingwala
Kinshasa, R.D. Congo
(00243) 998697603 ou (00243) 999229662

L'HARMATTAN CONGO
67, av. E. P. Lumumba
Bât. – Congo Pharmacie (Bib. Nat.)
BP2874 Brazzaville
harmattan.congo@yahoo.fr

L'HARMATTAN GUINÉE
Almamya Rue KA 028, en face
du restaurant Le Cèdre
OKB agency BP 3470 Conakry
(00224) 657 20 85 08 / 664 28 91 96
harmattanguinee@yahoo.fr

L'HARMATTAN MALI
Rue 73, Porte 536, Niamakoro,
Cité Unicef, Bamako
Tél. 00 (223) 20205724 / +(223) 76378082
poudiougopaul@yahoo.fr
pp.harmattan@gmail.com

L'HARMATTAN CAMEROUN
BP 11486
Face à la SNI, immeuble Don Bosco
Yaoundé
(00237) 99 76 61 66
harmattancam@yahoo.fr

L'HARMATTAN CÔTE D'IVOIRE
Résidence Karl / cité des arts
Abidjan-Cocody 03 BP 1588 Abidjan 03
(00225) 05 77 87 31
etien_nda@yahoo.fr

L'HARMATTAN BURKINA
Penou Achille Some
Ouagadougou
(+226) 70 26 88 27

L'HARMATTAN SÉNÉGAL
10 VDN en face Mermoz, après le pont de Fann
BP 45034 Dakar Fann
33 825 98 58 / 33 860 9858
senharmattan@gmail.com / senlibraire@gmail.com
www.harmattansenegal.com

L'HARMATTAN BÉNIN
ISOR-BENIN
01 BP 359 COTONOU-RP
Quartier Gbèdjromèdé,
Rue Agbélenco, Lot 1247 I
Tél : 00 229 21 32 53 79
christian_dablaka123@yahoo.fr

642644 - Février 2016
Achevé d'imprimer par
1livre.com
du rêve à la réalité !

Printed in Poland
by Amazon Fulfillment
Poland Sp. z o.o., Wrocław

58099430R00076